Ann Ladiges: Studium der Germanistik, Literatur- und Erziehungswissenschaft; war zunächst als Lehrerin tätig. Seit 1965 freie Mitarbeiterin beim Fernsehen. Moderatorin und Autorin erfolgreicher Fernsehreihen. Lebt in Hamburg. Veröffentlichungen bei rotfuchs: «Mann, du bist gemein!» (Band 62); «Hau ab, du Flasche!» (Band 178) und «Mach Druck, Zwiebelfisch!» (Band 596). Der vorliegende Band wurde mit dem Preis «Nürnberger Trichter» (Lesen für den Beruf) und dem «Heinrich-Wolgast-Preis» / Empfehlungsliste, 1986, ausgezeichnet.

Petra Simoneit gibt es nicht in der Wirklichkeit, aber was sie erlebt, beruht auf Tatsachen. Um die Geschichte der *Blaufrau* schreiben zu können, habe ich mit vielen Frauen gesprochen, die in sogenannten Männerberufen arbeiten. Etwa als Metzgerin oder Schornsteinfegerin, als Messerschmiedin oder als Pferdewirtin. Ihre Erfahrungen haben mich zu der Handlung meiner Erzählung angeregt. Was einige dieser Frauen persönlich über ihren Beruf zu sagen haben, das ist in einem Anhang zu lesen.
Auch der Name *Hemag* für die Fabrik, in der Petra zur Maschinenschlosserin ausgebildet wird, ist nur ein erfundener Name. Aber der Lohnkampf, den die Frauen aus Halle A beginnen, der ist harte Realität. Zum Beispiel für die *Heinze-Frauen* aus Gelsenkirchen. Sie wollen nicht länger hinnehmen, daß sie – bloß weil sie Frauen sind – für die gleiche Arbeit weniger Lohn als Männer bekommen. Sie waren das Vorbild für die Frauen, die ich in dieser Geschichte beschreibe.

Ann Ladiges

Ann Ladiges

Blaufrau

Erzählung

Mit einem Anhang:

Frauen in
sogenannten Männer-
berufen berichten

rororo

Rowohlt

Lektorat Renate Boldt

59.–62. Tausend Juni 1998

Originalausgabe
Veröffentlicht im Rowohlt Taschenbuch Verlag GmbH, Reinbek bei Hamburg, Oktober 1981 / Umschlaggestaltung Barbara Hanke / Umschlagfoto und Fotos im Anhang Renate von Forster / Satz Garamond (Linotron 404) / Gesamtherstellung Clausen & Bosse, Leck / Printed in Germany / ISBN 3 499 20252 2

1 Arbeitsamt, Zimmer 218. Berufsberatung für Hauptschüler.

Unbedingt hatte die Mutter mitkommen wollen.

Es geht um deine Zukunft, Kind.

Zukunft. *Horoskop*, fiel Petra ein. *Enterprise. Raumschiff Enterprise* wiederholen sie gerade im Fernsehen. Ob es wirklich Leute gibt mit Ohren wie Spock? So lange, spitze Ohren. Auf anderen Planeten. Irgendwo. Das Jahr 2000. Wie die Menschen wohl in ein paar Millionen Jahren aussehen? Vielleicht kriegen wir noch ganz andere Ohren in der Zukunft. In Zukunft. Wenn sie von der Zukunft reden, sind alle immer todernst. Der Ernst des Lebens. Nun fängt der Ernst des Lebens für dich an, hat Papp heute morgen gesagt.

Petra rutschte auf ihrem Stuhl etwas nach vorn, setzte sich gerade hin. Sechs Wochen hatte sie auf einen Termin bei der Berufsberatung warten müssen. Jetzt war ihr unbehaglich. Die Berufsberaterin betrachtete aufmerksam Petras Zeugnis. Warum sagt sie bloß nichts. Petra fand, daß es stickig war in dem kleinen Raum. Von draußen drang Straßenlärm herein, das Arbeitsamt lag direkt an der Hauptstraße. Die Sonne schien genau in die beiden Fenster, Petra kniff die Augen zusammen. Ich muß mich konzentrieren. Sie zog die Unterlippe zwischen die Zähne und kaute darauf herum.

Sie haben ja recht gute Noten, lobte die Berufsberaterin. Deutsch Zwei, Geometrie ebenfalls. Geometrie ist wichtig für das räumliche Denken.

Wir hatten für Petra eventuell an eine Handelsschule gedacht, mischte sich die Mutter ein.

Dazu brauchte Ihre Tochter den Realschulabschluß. Hauptschulabschluß reicht nicht.

Die Berufsberaterin gab Petra das Zeugnis zurück.

In eine Schule gehe ich sowieso nicht mehr. Petra wußte nicht, ob sie das Zeugnis wieder in die Tasche stecken konnte oder nicht. Sie faltete das Blatt einmal, dann noch einmal. Mamis Gesicht wirkt so angespannt. Sie kratzt sich mit dem rechten Daumen am linken Handgelenk. Das kann sie sich auch nicht abgewöhnen. Warum immer an derselben Stelle? Die Haut ist da schon ganz wund.

Die Berufsberaterin wartete, ob Petra etwas sagen wollte. Petra sah vor sich auf den Tisch.

In welche Richtung gehen denn Ihre Berufsvorstellungen?

An der Tischkante war das Resopal abgesprungen. Ich hab wieder diesen Frosch im Hals. Petra zog die Schultern hoch. Ja, ich weiß nicht, sagte sie heiser. Sie dachte an die Wochen im Berufspraktikum zurück. Ein Reinfall war das gewesen. Vor den Osterferien hatte die Sozialkundelehrerin in der 8b herumgefragt, in welchen Betrieben sich die Schüler und Schülerinnen denn gern mal umsehen wollten. Petra wußte damals nicht genau, wozu sie Lust hatte. Nur eines war klar: Ihre Freundin Conny wollte das Berufspraktikum mit Petra zusammen machen. Petra war das sehr recht. Conny ist meine beste Freundin, dachte sie. Conny fand, Versicherung, das wäre es, und Petra entschied sich ebenfalls für Versicherung. Aber dann war hier nur ein einziger Ausbildungsplatz zu bekommen, und schließlich hatte Conny die Idee gehabt. Eine Stelle im Lebensmitteleinzelhandel blieb übrig. Frau Marein meinte, so etwas wäre doch für Petra gar nicht schlecht. Naja, also Lebensmittelgeschäft! Leere Flaschen annehmen. Wurst und Schinken aus Plastikfolien herausschneiden. Milch, Joghurt, Quark kommen in das Kühlregal. Französische Camemberts liegen links, Sahnebecher stehen immer rechts.

Petra war froh gewesen, als sie die drei Wochen endlich hinter sich gebracht hatte.
Die Berufsberaterin klopfte mit dem Kugelschreiber auf den Tisch: Sie müssen sich schon irgendwie äußern, Petra. Haben Sie bestimmte Berufswünsche?
Es gibt so viele Berufe, dachte Petra. Was soll ich mir wünschen?
In der Schule hatten sie das Heft *Mach's richtig* bekommen. Und Petra wollte es richtig machen. Natürlich. Sie hatte sich die Übungsbeispiele angesehen, Kreuzchen in die Antwortkästchen gemacht.
Kann man das, was man als Friseur/Friseurin lernt, auch in anderen Berufen verwenden?
Nur diese Frage fiel Petra im Augenblick ein. Nichts anderes. Wie verhext.
Darf ich mal fragen, was Ihr Vater beruflich macht?
Der ist bei der Post.
Und wie sieht sein Arbeitsgebiet aus?
Mein Vater ist in der Verwaltung.
Was Papp Tag für Tag in dieser Verwaltung machte, das wußte Petra nicht genau. Der Vater wollte das Wort Post nach Feierabend nicht mehr hören.
Petra fühlte, wie die Berufsberaterin sie beobachtete.
In Ihrer Freizeit, Petra, was machen Sie da?
Am liebsten fahre ich Mofa, dachte Petra. Ja, Mofafahren. Ich hab das irgendwie gern, wenn mir der Wind ins Gesicht schlägt. Heute ist so schönes Wetter. Ich hätte Lust, in den Odenwald raufzufahren. Die Straße nach Ober-Hambach. Schöner geht's noch runter. Die Kurven. Ohne mein Mofa könnte ich gar nicht mehr sein. Von wegen Schrottmofa. Das alte Ding fährt astrein. Wenn ich richtig aufdrehe, auf der B 3, schaffe ich glatt Fünfundfünfzig. Petra sah zur Mutter hin. Mami hat immer Angst, wenn ich mit meinem Mofa losmache. Ja, also, in meiner Freizeit, sagte Petra gedehnt. Ich bastele gern.
Haben Sie schon mal an einen praktischen Beruf gedacht? Mäd-

chen können heute ja auch Bautischler werden oder Elektriker oder Konditor.
Petra mußte lachen. Sie sah sich mit einer hohen, weißen Mütze vor einer bunten Zuckertorte. Peinlich, daß ihr das Lachen so herausgeplatzt war.
Die Berufsberaterin stand auf, öffnete eines der Fenster. Der Straßenlärm wurde lauter.
Tischler, dachte Petra. Warum nicht. Bautischler. Mädchen auf dem Bau? Hab ich noch nie gesehen. Conny geht ins Büro. Conny hat schon eine Lehrstelle. Bei der *Hemag*. Ihr Vater ist Meister bei der *Hemag*.
Die Berufsberaterin setzte sich wieder, sie sah auf ihre Armbanduhr. Wäre das nichts für Sie? fragte sie noch einmal. Ein Beruf im gewerblich-technischen Bereich?
Ich möchte lieber ins Büro, sagte Petra unsicher.
Mein Mann und ich würden es sehr begrüßen, wenn Petra eine Büroausbildung machen könnte, sagte die Mutter mit Nachdruck. Sie selber arbeitete vormittags in der Filiale einer Großreinigung. Einen Beruf hatte sie nicht gelernt. Sie war Verkäuferin bei *Hertie* gewesen, bis Papp sie dann geheiratet hat.
Die Berufsberaterin sah plötzlich müde aus. Einen Augenblick sagte sie gar nichts. Dann breitete sie sich über Möglichkeiten und Aussichten der Bürokauffrau aus, gab Petra eine Ablichtung vom *Berufsbild Bürokauffrau*. Petra solle sich alles in Ruhe durch den Kopf gehen lassen, hieß es noch, und in sechs Wochen zu einem zweiten Gespräch kommen. Die Mutter bedankte sich, und die Berufsberaterin versuchte, Petra aufmunternd zuzulächeln. Vor der Tür wartete die nächste Schülerin. Die war allein gekommen.

Im Treppenhaus rannte die Mutter los. Petra kam gar nicht so schnell mit.
Hättest du dich nicht einmal zusammennehmen können? Immer deine Muffigkeit!
Ich war doch nicht muffig.

Hockst da und kriegst den Mund nicht auf!
Was sollte ich denn sagen?
Fragen! Wozu sind wir denn sonst hingegangen?
Ich wußte nicht, was ich fragen sollte.
Die Mutter blieb stehen: Ist dir eigentlich klar, um was es geht?
Um meine Zukunft, dachte Petra. Ja, klar, sagte sie.
Eine Frau drehte sich um, sah zu ihnen hin. Petra wollte weitergehen, aber die Mutter konnte nicht aufhören.
Es kommt auf den persönlichen Eindruck an, den man beim Arbeitsamt macht! Ich begreife dich nicht. Wir zerbrechen uns den Kopf, was aus dir werden soll, aber dich scheint das alles nichts anzugehen.
Doch, sagte Petra. Natürlich.
Am Ende des Flurs entdeckten sie den Pfeil *Ausgang*. Sie waren genau in die falsche Richtung gegangen.

2 Sonntagmorgen. Petra freute sich auf ein gemütliches Frühstück. Die Mutter legte die *Welt am Sonntag* auf den Tisch.
Da, *Stellenangebote weiblich*. Sieh dir das an. Sie las vor: *Sekretärin für unsere Kreditabteilung. Gestandene Sekretärin. Chefsekretärin auf Direktionsebene. Als Sekretärin Karriere machen.*
Ja, sagte Petra.
Der Vater wollte der Mutter die Zeitung aus der Hand nehmen, aber sie hielt sie fest. Ihr müßt euch das mal anhören, sagte sie. Zum Beispiel: *Sekretärin des Verkaufsleiters Fachhandel gesucht.*
Sie machte eine Pause, las dann langsam und mit Betonung weiter vor. *Sie ist Assistentin und rechte Hand ihres Chefs, der viel Arbeit und wenig Zeit hat. Wir – eine junge Mannschaft – haben für sie eine lebendige Aufgabe! Der Außendienst will betreut und informiert werden, Anrufe sind entgegenzunehmen.*

Und natürlich gibt es die vielen kleinen Dinge, die eine gute Sekretärin von selbst sieht und erledigt.
Ohne die Chefsekretärin läuft in einem Büro sowieso nichts, stimmte der Vater ein. Die Chefsekretärin hat alle Fäden in der Hand.
Auch Sigrid mußte ihren Senf dazugeben: Sekretärinnen haben unheimliche Chancen.
Auf die Ansichten der Schwester konnte Petra wirklich verzichten. Erstens hatte Sigrid nichts als Klamotten im Kopf, und zweitens gab sie noch mehr an, seitdem sie in der Ausbildung als Zahnarzthelferin war. Alles wußte sie besser und dabei war Sigrid gerade drei Jahre älter. Bei fast jedem Streit warf sie Petra an den Kopf: Steh du erst mal im Berufsleben. Dann kannst du mitreden.
Petra wollte gar nicht mitreden. Die Eltern redeten, Sigrid redete, alle redeten. Petra bekam den Mund wieder nicht auf.
Einmal warf sie das Wort *Banklehre* in die Debatte. Um etwas zu sagen. Devisen, dachte sie. Aktien. Steigen. Fallen.
Dann kann ich ins Ausland gehen, meinte sie leise.
Nun bleib mal auf'm Teppich. Bei den Banken hat heutzutage jemand ohne Abitur nicht die geringsten Aussichten. Die sieben dich schon beim ersten Test aus.
Petra sah sich in einem riesigen Sieb. Mit anderen Schülern wurde sie hin- und hergeschüttelt. Schüttelrost, dachte sie. Schüttelfrost. Ab und zu fällt einer durch die Maschen.
Ekelhaft, sagte sie.
Was ist ekelhaft?
Ach, alles. Petra stand vom Frühstückstisch auf.

3 Sonntagnachmittag. Auf der B3 standen die Autos in einem langen Stau. Petra knatterte mit ihrem Mofa rechts an ihnen vorbei.
Es hatte einen wochenlangen Kampf gegeben, bis sie sich die alte

Herkules von Peter Gahm kaufen durfte. Die Eltern waren der Meinung gewesen, daß die 250 Mark, die Petra zu ihrem fünfzehnten Geburtstag von Oma Zwirner bekommen hatte, den Grundstock zu einem Sparbuch bilden sollten. Für die Aussteuer beispielsweise. Aber Oma Zwirner hatte gesagt, wenn es nun einmal Petras Herzenswunsch sei, dann solle sie sich das Ding auch kaufen. Da hatte die Mutter nachgeben müssen, schließlich war das Geld Oma Zwirners Geschenk. Sie hatte dann nur noch genörgelt, daß 250 Mark für diesen Schrott zu viel seien. Die Mutter hatte keine Ahnung. Petra war sich damals ziemlich sicher, daß der Motor keineswegs kaputt war, wie Peter Gahm glaubte. Zündkabeldefekt war ihr erster Gedanke. Einen Moment überlegte Petra, ob sie es Peter sagen sollte. Dann fand sie: wenn der so blöde ist! Außerdem – ich kann mich ja auch irren.
Jetzt meinte sie: Mami ist eigentlich viel altmodischer als Oma Zwirner. Dabei ist Oma Zwirner doch Mamis Mutter.
Oma Zwirner wohnte in Bensheim, und mit dem Mofa brauchte Petra genau 15 Minuten bis zu ihrer Wohnung. Sie saß gern bei der Großmutter in der kleinen Küche. Oma Zwirner brühte sich dann eine gute Tasse Kaffee auf, für Petra hatte sie immer eine Cola im Kühlschrank. Stundenlang konnten sie sich unterhalten. Über Gott und die Welt, wie Oma Zwirner sagte. Sie saßen am Küchentisch, es roch nach Bohnenkaffee und manchmal nach dem Kuchen, den Oma Zwirner gebacken hatte.
Viermal klingelte sie, aber Oma Zwirner war nicht zu Hause. Enttäuscht fuhr Petra wieder zurück.

4

Petra konnte nicht einschlafen. Ihre Gedanken liefen durcheinander. Die Berufsentscheidung ist eine Entscheidung fürs Leben. Fürs ganze Leben, nicht fürs halbe. Für seinen Beruf muß man Lust und Liebe aufbringen. In welche Richtung gehen denn Ihre Berufswünsche? Ich wünsche mir ... einen Beruf wünsche ich mir. *Beruf aktuell.* Bitte unbedingt lesen. Tiere

mag ich. Tierärztin. Da muß man Abitur ... Tierpflegerin. Zoo. Robben füttern.
Sie rollte das Kopfkissen noch einmal zusammen und schob es sich in den Nacken.
So, Tierpflegerin, würde der Vater sagen, warum gehst du nicht gleich in den Zirkus?
Clown. Reiterin. Seiltänzerin. Dompteuse. Löwen. Seelöwen. Seelöwen riechen nach Fisch. Nach Meer. Seefahrt. Seemann. Seefrau. Hört sich eigenartig an. Die kleine Seejungfrau. Ob ich bei dem Märchen wirklich immer weinen mußte, als ich klein war? Wo ist das Buch überhaupt geblieben?
Petra stand auf, holte sich das *Berufsbild Bürokauffrau*. Märchen lese ich gern, dachte sie und blätterte in dem Heft:
Handhabung und Pflege der üblichen Arbeitsmittel eines kaufmännischen Büros. Der/Die Auszubildende ist mit den üblichen Arbeitsmitteln eines kaufmännischen Büros und mit ihrer pfleglichen Behandlung vertraut zu machen. Dazu gehören Vervielfältigungseinrichtungen. Schreib-, Adressier- und Rechenmaschinen, Diktiergeräte, Telefon, Fernschreiber. Auf der nächsten Seite: *Kassenführung, Kostenführung, Buchführung. Personalwesen, Steuerwesen, Lohnwesen.* Petra fand es heiß im Zimmer. Sie las weiter.
Der/Die Auszubildende soll ... der/die Auszubildende hat ... es ist wünschenswert, daß der/die Auszubildende ... die vielseitige und verantwortungsvolle Tätigkeit des Bürokaufmanns erfordert, daß ... Im Halbschlaf dachte Petra noch an Conny. Conny geht auch ins Büro. Kaufmann. Kauffrau.

5

Zwei Wochen später.

Der Vater kam mit einer guten Nachricht nach Hause. Er hatte sich, wie jeden Mittwoch, mit einigen Kollegen zum Bowling getroffen, heute aber auf den anschließenden Schoppen in den *Martins-Stuben* verzichtet. Er wollte es Petra gleich erzählen.

Rate mal, wen ich auf der Bahn kennengelernt habe?
Petra hatte keine Ahnung.
Den Personaldirektor von der *Hemag*! Und weißt du, was ich gemacht habe? Deinetwegen!
Nee.
Ich hab mich gleich hinter ihn geklemmt!
Da bekam Petra einen Lachkrampf.
Sie stellte sich vor, wie der Vater dem Personaldirektor auf den Rücken sprang, ihn von hinten umklammerte, fest an ihm klebte. Sie konnte nicht aufhören zu lachen, verschluckte sich. Der Vater verstand überhaupt nichts mehr. Was es denn da zu lachen gäbe? Mühsam brachte Petra heraus:
Das hört sich so komisch an: hinter ihn geklemmt!
Für einen Moment machte der Vater ein ziemlich dummes Gesicht. Dann schimpfte er los. Ob sie von allen guten Geistern verlassen wäre? Er habe heute abend die Zusage vom Personaldirektor bekommen, daß Petra an einem Ausbildungstest bei der *Hemag* teilnehmen dürfe und sie lache sich hier halbtot.
Entschuldige, sagte Petra und konnte nur mühsam ein Glucksen unterdrücken.
Kapier endlich, daß der Beruf kein Jux ist!
Der Ernst des Lebens, dachte Petra und putzte sich geräuschvoll die Nase. Tut mir leid, daß ich so lachen mußte, Papp. Wenn das bei der *Hemag* klappen würde, das wäre wirklich toll.
Ach ja, toll! Man kommt sich bei euch vor wie im Irrenhaus! schnaubte der Vater. Er holte sich in der Küche ein Bier. Die Kühlschranktür knallte zu.

6 Es klappte bei der *Hemag*. Petra bestand den Aufnahmetest, sie bekam einen Ausbildungsvertrag. Die *Hessische Maschinenbau AG* verpflichtete sich, Petra Simoneit zum Bürokaufmann auszubilden. Der Mutter fiel ein Stein vom Herzen. Seit Tagen hatte sie keine ruhige Nacht mehr gehabt. Auch

der Vater schien sichtlich erleichtert, vor allem weil die *Hemag* eine große Firma war. Es sei immer besser, in einem weltweiten Konzern zu arbeiten, denn in Krisenzeiten gingen die Kleinen doch unter. Außerdem habe die *Hemag* den Vorteil, daß Petra ihren Arbeitsplatz zu Fuß erreichen könne.
So gut habe er es während seiner Lehrzeit nicht gehabt, sagte der Vater. Er drückte Petra an sich und unterschrieb den Ausbildungsvertrag.
Die Mutter meldete ihre Tochter zwei Tage später zu einem Schreibmaschinenkursus an.
Sight and sound! Bei uns lernen Sie spielend 200 Anschläge in der Minute!

7 Seit drei Jahren wohnten die Simoneits nun schon hier unten in der Weststadt. Kurz hintereinander waren Vaters Eltern gestorben, und sie hatten das kleine Häuschen geerbt. Die ausgebaute Laube, wie die Mutter es damals nannte. Jetzt mußte sie allerdings zugeben, daß es ein bewohnbares Haus geworden war. Sie hatten neue Fenster eingesetzt, zwei Wände herausgeschlagen, elektrische Leitungen verlegt, gemauert, verputzt, gestrichen. Petra hatte dem Vater oft geholfen.
Sie waren sehr stolz: nur bei ganz schwierigen Arbeiten hatten sie Handwerker holen müssen. Das Ganze hatte zwar zwei Jahre gedauert, aber jetzt gab es eine moderne Küche mit Durchreiche zur Eßecke im Wohnzimmer, im ersten Stock ein Bad mit separater Toilette und unten neben der Haustür ein Gästeklo. Von dem alten Häuschen der Großeltern war nicht mehr viel zu erkennen. Mit seiner eigenen Hände Arbeit hatte Opa Simoneit es gebaut, 1944, als Deutschland in Schutt und Asche lag, wie er immer sagte. Opa Simoneit hatte nicht in den Krieg gemußt, sein rechtes Bein war sechs Zentimeter kürzer als das linke. Genau zu Papps zehntem Geburtstag hatte er das Häuschen fertiggestellt. Damals soll es rundherum nur Felder und Wiesen gege-

ben haben. Später, erzählte der Vater, wurde die Gegend als Industriegebiet erschlossen. Auf der Wiese, wo früher die Frauen ihre Wäsche zum Bleichen in die Sonne gelegt hatten, ließ sich bald *Langnese Eiscreme* nieder. «Arbeitsplatzbeschaffung für die Odenwaldregion» nannte man das. *Pittney Bowes Corporations* kam und *Magnetic Peripherals Incorporated.* Ein Häuserblock nach dem anderen wurde hochgezogen: Wohnraumbeschaffung. *Toom-Großmarkt* eröffnete, daneben *Heimwerkermarkt, Bekleidungsmarkt, Elektromarkt.* Für alles war gesorgt. Weder *Auto-Waschstraße* noch *Sportzentrum* fehlten. Die Grundstückspreise kletterten in die Höhe, aber Opa Simoneit wollte nicht verkaufen. Noch mehr Bäume hat er gepflanzt, um die Fabrikhallen nicht sehen zu müssen.
Abends in ihrem Bett hörte Petra das Rauschen der Autobahn Karlsruhe-Köln-Frankfurt. Direkt an den Zubringer von der B3 grenzte das Gelände der *Hemag.* Zu Fuß war es wirklich nur eine Viertelstunde.

8 Die Schule entließt Petra feierlich ins Leben. Fünf Jungen und die Hälfte der Mädchen aus ihrer Klasse waren noch ohne jede Aussicht auf einen Ausbildungsvertrag.
Die Eltern schenkten Petra 200 Mark und einen neuen Bademantel, von Oma Zwirner bekam sie 50 Mark und ein goldenes Kettchen mit Anhänger.
Zwei Monate später stand Petra mit ihrer Freundin Conny neben vierzehn Mädchen und achtunddreißig Jungen im großen Konferenzraum der *Hemag.* Ein dicklicher Mann im dunkelblauen Anzug, der sich als Dr. Zapka vorstellte, begrüßte sie im Namen der Geschäftsleitung. Er beglückwünschte sie, aus einer großen Schar junger Leute ausgewählt worden zu sein und nun bei der *Hemag* ihren Weg ins Berufsleben beginnen zu dürfen. Über 3000 Menschen halten diesem Werk die Treue, sagte er, gut

2200 in der Fertigung und 800 in der Verwaltung. Wir sind eine große Familie, sagte er. Eingebettet in das Gefüge eines internationalen Konzerns. Und wir sind stolz darauf, daß unsere Maschinen in alle Welt hinausgehen. Auf Flughäfen im In- und Ausland können Sie an Rolltreppen und Transportbändern die fünf gelben Buchstaben wiederfinden: Ha-E-Em-A-Ge!

Dr. Zapka geriet in Begeisterung: In Südafrika laufen unsere Stahlseilfördergurte und in Alaska, in Mexiko und Marokko, in Israel und Saudi-Arabien!

Alles rollt auf *Hemag*-Bändern, erfuhr Petra. Quarzsand, Kies und Kohle. Autoteile, Düngemittel, Koffer. Und Menschen, dachte sie. Sie stellte sich die Erde vor, überzogen von einem Netz rollender Straßen. Rollende Alleen, rollende Promenaden, rollende Gassen. Sich langsam im Kreise drehende Plätze.

Sie schreckte auf, als Dr. Zapka seine Stimme erhob. Wir haben nicht nur das Know-how, rief er, unser Name steht für Präzision in der Verarbeitung! Sehen Sie sich mal in der Halle A um. Mit welcher Sorgfalt stellen die Frauen dort die Leiterplatten her. Winzige Teile setzen sie zusammen, damit unsere Fördersysteme ihre höchste technische Perfektion erreichen, und das heißt: vollautomatisch laufen.

Den Namen, den die *Hemag* sich erobert habe, so endete sein Vortrag, diesen Namen würdig erhalten, das würde nun ihre Aufgabe. Denn die junge Generation sei die Hoffnung. Danach stellten sich die Betriebsräte vor, und die Jugendvertreter sagten Guten Tag. Gemeinsam marschierten sie alle auf den Werkhof. Der Fotograf wartete schon.

Sie sollten sich zu einem Gruppenbild aufbauen. Nur war das nicht so einfach, weil sie, wie Dr. Zapka hervorhob, ein besonders starker Jahrgang wären. Der Fotograf hatte seine Mühe mit ihnen.

Nicht so weit auseinander! Kommen Sie sich ruhig näher! Wir wollen Sie doch alle ins Bild kriegen!

Sie versuchten, so gut es ging, zusammenzurücken.

Ja! Wunderbar! Danke! Und bitte noch einmal! Stehenbleiben! Sehr schön! Sehr schön! Und danke.
Dann endlich ging es an die Arbeitsplätze.

9 Mensch hast du ein Glück! Vorzimmer vom Personaldirektor, das ist einsame Spitze! meinte Conny neidisch, als sie mit Petra den Flur entlangging. Sie selber war in der Buchhaltung gelandet. Petra verstand nicht, warum dieses Vorzimmer etwas Besonderes sein sollte. Büro ist doch Büro, dachte sie. Oder?
Zum erstenmal saß Petra an ihrem Schreibtisch.
Weiße Kunststoffplatte, schwarze Metallbeine. Eine Schublade für die persönlichen Dinge, vier Fächer für Papier. Daneben die Schreibmaschine auf einem kleinen Tisch. Wieder die weiße Kunststoffplatte, die schwarzen Metallbeine. Alles im Büro war in Schwarz und Weiß gehalten. Sachlich, funktional, elegant. So, wie es der Chef, Personaldirektor Dr. Dollinger, Mitte Fünfzig, liebte.
Zwei neue Kugelschreiber hatte sie bekommen, sechs Bleistifte, Stenoblock, Lineal, Anspitzer, Radiergummi. Auch einen Locher und einen Hefter. Frau Müschler erklärte ihr, in welchem Fach Schreibmaschinenpapier zu liegen habe, wo Durchschlagpapier und wo Kohlepapier. Ordnung ist das halbe Leben, sagte sie, und machte ein ernstes Gesicht.
Frau Müschler war Abteilungssekretärin. Silbergraue, kurzgeschnittene Haare, dunkelgraues Flanellkostüm, die Seidenbluse einen Ton heller im Grau. Ihre Nase war lang und spitz, und nichts im Büro schien ihren kleinen, flinken Augen zu entgehen. Am ersten Tag schon erfuhr Petra, daß «die Müschler», wie man sie hier offenbar nannte, im nächsten Jahr in Ruhestand treten würde und Frau Urbanek, zur Zeit Zweitsekretärin, dann ihre Stelle einnehmen sollte. Gott sei Dank, denn Frau Urbanek gefiel Petra sofort. Erstens war sie nicht so verstaubt wie die

Müschler, etwas jünger als Mami, schätzte Petra. Und zweitens schien Frau Urbanek nicht so pingelig zu sein wie die Müschler. Das sah man an ihrem Schreibtisch. Da stapelten sich ungeordnet Papiere, stand eine leere Kaffeetasse, auch ihre Bleistifte lagen nicht alle wie bei der Müschler mit der scharfen Spitze in einer Richtung. Verstohlen betrachtete Petra Frau Urbanek. Ihr breites Gesicht mit den hohen Backenknochen hat etwas Chinesisches, fand sie. Dazu paßten auch die glatten, dunklen Haare, der grade geschnittene Pony. Wenn Frau Urbanek lachte, zogen sich ihre Augen zu kleinen Schlitzen zusammen. Frau Urbanek schien oft zu lachen. Als ihr ein Stapel Papier herunterfiel und die Seiten durchs Zimmer segelten, lachte sie laut heraus. Die Müschler zog die Augenbrauen hoch, aber sie sagte nichts. Bei der Arbeit war Frau Urbanek schnell, da kam die Müschler nicht mit, das merkte man gleich.

Petra saß etwas unbequem auf ihrem Stuhl. Sie kam sich albern vor in dem dunkelblauen Faltenrock, auf dem die Mutter bestanden hatte. In einem Büro verlange man ein korrektes und gepflegtes Aussehen, hatte sie behauptet und Petra gleich zwei Röcke gekauft. Petra konnte nicht einsehen, warum Röcke gepflegter sein sollten als Jeans. Sie nahm sich vor, Frau Urbanek bei der ersten besten Gelegenheit zu fragen, ob Jeans im Büro nicht doch erlaubt seien. Saubere, natürlich.

10 Frau Urbanek nahm Petra zur Mittagspause mit in die Kantine. An der Tür blieb Petra stehen. Einen so großen Raum hatte sie nicht erwartet. Da standen in drei Reihen mindestens hundert Tische, einer hinter dem anderen. In der langen Schlange, die vor der Essenausgabe wartete, sah Petra fast nur Frauen.

Die Damen aus den Büros, erklärte Frau Urbanek. Wir essen in mehreren Schichten. Erst die Arbeiter, um zwölf, und um ein Uhr die Leute aus der Verwaltung.

Petra stellte sich mit Frau Urbanek ans Ende der Schlange. Etwas weiter vorn entdeckte sie Conny. Sie winkten sich zu.
Es gab Schweinekotelett mit Kartoffelsalat oder Rinderbraten mit grünen Bohnen. Als Nachtisch wurde Quarkspeise angeboten oder Vanillepudding mit Schokoladensoße. Petra entschied sich für Rinderbraten und hinterher Quarkspeise. Sie gab der Frau an der Ausgabe ihre Essenmarke. Eine Mark fünfzig wurden ihr pro Essen vom Lohn abgezogen, den Rest legte die *Hemag* drauf. Getränke mußte man extra bezahlen. Petra hatte keinen Durst, sie ging mit ihrem Tablett hinter Frau Urbanek her, die zielstrebig auf einen Tisch zusteuerte.
Wir haben jeder so unseren Tisch, sagte sie, das hat sich hier eingebürgert. Wie zu Hause, dachte Petra. Sie probierte den Rinderbraten, er schmeckte ihr. Papp meckert oft über den «Kantinenfraß». Vielleicht ist das Essen bei der *Hemag* besser als bei der Post. Außerdem für eine Mark fünfzig! Frau Urbanek sagte etwas, aber Petra verstand es nicht. Laut und hallig war es hier in der Kantine. Geklapper und Geschepper von Tellern und Bestecken auf den Kunststofftischen, Geschurre von Stuhlbeinen auf dem Steinboden, ein ständiges Kommen und Gehen.
Wir sollen es uns hier gar nicht erst gemütlich machen, sagte Frau Urbanek. Unterhaltungen mit den Kollegen finden bei dem Krach auch nicht statt.
Die Müschler kam mit ihrem Tablett an den Tisch. Bevor sie sich setzte, wischte sie den Stuhl mit einem Tempotaschentuch ab. Frau Urbanek bemerkte Petras erstaunten Blick.
Einige der Damen haben Angst um ihre Röcke, sagte sie. Die Blaumänner, die vor uns essen, könnten ja die Stühle dreckig machen!
Spöttisch grinste Frau Urbanek die Müschler an und kaute weiter.

11 Papier, Papier, Papier.

Petra war in den ersten Tagen wie betäubt. Man hatte ihr eine alte Schreibmaschine hingestellt, zum Üben grade richtig, wie die Müschler behauptete.
Viertel nach acht.
Briefe müssen sauber geschrieben werden. Links ein Zeilenabstand von zehn Grad, unten zwei Fingerbreit frei lassen. Halten Sie ruhig beide Finger ans Papier! Auch eine Hauspost darf nicht schlampig sein. Die Personalabteilung ist das Aushängeschild des Betriebes.
Halb zehn.
Schreiben, schreiben, schreiben. Das ist nun mal der Anfang, Fräulein Simoneit. Nur so finden Ihre Finger blind die Tasten. Sehen Sie, Ihr Schriftbild wird immer schöner. Und merken Sie sich eines: die Personalakte verfolgt einen jeden vom Eintritt in die Firma bis zum Ruhestand. Es sei denn, es wird vorher eine Kündigung ausgesprochen.
Elf Uhr.
Ich fall vom Stuhl, dachte Petra. Der Hintern tat ihr weh, sie konnte nicht mehr sitzen.
Acht Stunden am Tag sitzen! In der Schule gab es wenigstens nach einer Dreiviertelstunde eine Pause, aber im Büro acht Stunden auf einem Stuhl!
Fünf nach elf.
Die Uhr kann nicht richtig gehen. Es muß doch später sein. Es kam ihr vor, als ginge der Tag überhaupt nicht zu Ende.
Am Abend sagte der Vater: Du wirst dich schon daran gewöhnen. Es ist eben eine Umstellung. Jetzt stehst du im Berufsleben.
Stehen ist gut, dachte Petra. Ich sitze.

12

Nach sechs Wochen ließ die Müschler Petra immer noch diese öden Formbriefe abschreiben.

Für Ihre Bewerbung danken wir Ihnen. Da wir gerne ein unverbindliches Gespräch mit Ihnen führen möchten, bitten wir Sie, sich am dem in unserem Hause, Zimmer bei vorzustellen. Bitte bringen Sie den beigefügten Personalbogen ausgefüllt mit. Sollten Sie den genannten Termin nicht ...

Das muß Ihnen in Fleisch und Blut übergehen, Kindchen, sagte die Müschler. Nur so lernen Sie, diese Briefe selbständig zu schreiben.

So ein Schwachsinn, dachte Petra. Sie gab sich Mühe, versuchte alles richtig zu machen, was Frau Urbanek oder die Müschler ihr auftrugen. Aber manchmal blickte sie einfach nicht durch. Eingabe der Personaldaten in die *EDV*. Was gehört da rein? Name, Geburtstag, Tätigkeitsbezeichnung, Probezeit, Lohn oder Gehalt, Zulagen. Was guckt die denn so, die Müschler? Was hab ich denn nun wieder vergessen?

Wer wird bei Unfall verständigt?!

Ach ja. Ich kann mir das einfach nicht alles merken.

Petra war dankbar, wenn Frau Urbanek sie zur Poststelle schickte oder zum Kopiergerät. Sie holte gern Büromaterial und drängte sich zum Kaffeekochen. Ich spüle sogar Tassen gern, dachte sie. Dann hab ich was in den Händen! Nicht immer nur Papier. Am liebsten brachte sie Unterlagen in das neue Verwaltungsgebäude. Sie ging dann nicht über die Glasbrücke im ersten Stock, sondern über den Werkhof. Meistens machte sie einen kleinen Umweg und versuchte, einen Blick in die Hallen zu werfen.

Einmal stand sie unschlüssig vor einem Hallentor und überlegte, ob sie einfach hineingehen sollte.

Suchen Sie etwas, Fräulein? sprach ein älterer Arbeiter sie an.

Nee, sagte Petra. Ich hab nur ... ich arbeite im Büro, erklärte sie dann etwas verlegen. Im Personalbüro.

Schon mal drin gewesen in der Halle?
Petra schüttelte den Kopf.
Na, denn kommen Sie mal mit.

13 In der Halle waren Stahlseile gespannt, eng aneinander, hundert oder noch mehr. Armdicke Stahlseile, gehalten von einer Brückenkonstruktion, so hoch, daß Petra den Kopf weit nach hinten legen mußte, als sie hinaufblickte. So hoch, daß sie sich klein und winzig vorkam.
Das wird mal ein Fördergurt, sagte der Arbeiter. Der muß was aushalten.
Es roch nach Eisen, nach verbranntem Gummi.
Stinkt ganz schön, nicht? sagte der Arbeiter.
Finde ich nicht, meinte Petra.
Die Stahlseile werden an den Enden in Rohgummi gelegt und dann vulkanisiert, erklärte der Mann. Aber das interessiert Sie ja sicher nicht.
Doch, sagte Petra.
In der Halle war es stiller, als sie gedacht hatte. Da waren auch nur wenige Arbeiter. Frauen konnte sie keine entdecken. Ich glaube, ich muß zurück ins Büro, fiel ihr plötzlich ein. Vielen Dank.
Keine Ursache, meinte der Arbeiter. Gern geschehen.
Als Petra, die Mappe mit den Unterlagen in der Hand, aus der Halle herauskam, traf sie mit Frau Urbanek zusammen. Petra erschrak, aber Frau Urbanek nickte ihr nur zu und ging weiter. Sie sagte auch später nichts.

14 Der Jugendaufenthaltsraum lag im ersten Stock über der Lehrwerkstatt.
Petra war neugierig. In der Kantine stinkt's nach Essen und mit

den Frauen aus den Büros auf dem Hof herumstehen, fand sie langweilig. Außerdem war es winterlich geworden. Ich geh da mal hin, dachte sie.
Conny wollte nicht mit. Da gehen doch nur Blaumänner hin! Auch in die Kantine ging Conny nicht mehr.
Ich will mir nicht meine Figur versauen, hatte sie gesagt. Wir aus der Buchhaltung machen jetzt eine Diät. Eine ganz neue Methode! Die ist für Astronauten entwickelt worden. Damit kannst du in einer Woche 1 Kilo abnehmen.
Auf der Treppe schon hörte Petra die Rockmusik. Einen ganz kleinen Augenblick zögerte sie, dann machte sie die Tür auf.
Nur Jungen in blauen Arbeitsanzügen. Einige spielten Karten, andere lasen Comics, manche saßen nur so herum. Ein paar Tische, Metallrohrstühle. An den Wänden Poster. *Nie ohne Schutzhelm. Nur Flaschen trinken. Wer küßt schon gern Nikotin?* Daneben ein blondes Mädchen im Bikini. Das Übliche. In der Ecke ein Tischfußball. Die zwei Jungen, die gerade spielten, hatten Petra bemerkt. Sie glotzten sie an.
Mahlzeit, sagte sie und stellte sich an den Tischfußball. Die beiden Jungen ließen sich nicht stören. Der eine der Jungen hatte dunkle Haare und mußte älter sein als sie. Der andere erinnerte sie irgendwie an Miß Piggy aus der *Muppets-Show*. Er hatte lange, gelbliche Haare und ein rosiges Gesicht.
Nach einer Weile hatte der Rosige keine Lust mehr, und der Dunkle fragte:
Spielst du?
Ja, natürlich. Sie wirbelte mit einem kräftigen Schwung die hölzernen Fußballspieler herum.
Ich heiße Robert, sagte der Dunkle.
Und ich Petra.
Wo arbeitest du denn?
Im Personalbüro.
Da arbeitet meine Mutter auch. Urbanek.
Petra war überrascht.
Das erste Spiel gewann Petra, die beiden folgenden Robert. Auf-

merksam hatte sie die kleine Holzkugel verfolgt und doch genau gesehen: er hat dunkelbraune Haare, aber helle Augen. An der rechten Schläfe hat er einen Leberfleck, und seine Nase ist ziemlich groß.

Am Tag darauf ging sie wieder in den Jugendaufenthaltsraum. Robert konnte sie nicht entdecken. Sie war enttäuscht, überlegte, ob sie wieder gehen sollte. Der rosige Junge sprach sie an.

Hast du Lust auf 'ne Partie Tischfußball?

Immer, sagte Petra.

Sie spielte unkonzentriert, sah zur Tür hin. Kurz vor Ende der Mittagspause kam Robert herein. Petra fühlte, wie ihr Herz anfing zu klopfen. Robert stellte sich neben sie. Nun ging es gar nicht mehr. Tor für den Jungen! Schon wieder Tor! Und noch einmal Tor. Verloren.

Ich weiß nicht, was mit mir los ist, sagte Petra.

Es läutete, die Mittagspause war zu Ende.

Sehen wir dich wieder? fragte Robert.

Na klar, sagte Petra.

Fast jeden Mittag ging Petra jetzt in den Jugendaufenthaltsraum. Draußen regnete es schon seit Wochen, der Winter war in diesem Jahr besonders naß und eklig.

Was machst du eigentlich dauernd bei den Blaumännern? wollte Conny wissen.

Ach, nichts Besonderes, nuschelte Petra. Ich kann eben besser mit denen reden, dachte sie. Es gefiel ihr, daß Robert der Sohn von Frau Urbanek war.

15 Anfang Januar. Petras Probezeit war vorüber. Sie wollten sie behalten, obwohl sie mit Steno überhaupt nicht zurecht kam.

Üben, üben, üben, sagte die Müschler, und Frau Urbanek riet ihr: Bloß nicht nervös werden beim Diktat, dann geht's noch

schlechter. Frau Urbanek hatte gut reden. Seit zwei Tagen schon tippte sie das Referat, das Dr. Dollinger in Köln vor Direktoren des Konzerns halten sollte. Vor der obersten Heeresleitung, wie er sagte. Petra hatte nicht richtig hingehört, um was es in diesem Referat ging, es war ihr auch egal. Gedanken über Personalpolitik, die Dr. Dollinger sich gemacht hatte. Nur kam er mit seinen Gedanken offensichtlich nicht so recht klar. Dreimal mindestens war er heute vormittag schon angekommen: Ach bitte, Frau Urbanek. Könnten Sie diesen Absatz doch nach vorne stellen? Oder: Ich hätte an dieser Stelle lieber Strukturänderung und nicht Ver änderung. Das ist wichtig. Und ich brauche für jeden der Herren eine Kopie, für mich am besten zwei.
Am liebsten würde er es drucken lassen, dachte Petra. Sie bewunderte die Geduld, mit der Frau Urbanek die sauber getippten Seiten, in die Dr. Dollinger mit grünem Filzer hineingeschmiert hatte, nahm und neu abschrieb. Der Chef, wie die Müschler ihn nannte, hielt sie alle ganz schön in Trab. Er wurde schnell ungeduldig, wenn sie einen Brief oder einen Vertrag nicht gleich fanden oder einen Termin nicht richtig notiert hatten. In seinem Büro mußte alles zack-zack klappen. Wozu hatte er denn «seine Damen», wie er sie vor anderen gern nannte.
Fräulein Simoneit, bitte zum Diktat, tönte es über die Sprechanlage.
O Gott, dachte Petra. Auch das noch. Steno!
Nun gehen Sie schon! drängte die Müschler.
Petra ergriff ihren Stenoblock und ging zu Dr. Dollinger. Im Zimmer hing Zigarrenrauch. Dr. Dollinger lehnte tief in seinem Schreibtischsessel.
Setzen Sie sich, sagte er. Nur eine kurze Notiz an die Geschäftsleitung. Der übliche Verteiler, Sie wissen schon.
Petra wußte nicht. Krampfhaft hielt sie den Stenoblock auf den Knien. Hoffentlich diktiert er nicht wieder so schnell, dachte sie.
Dr. Dollinger hatte sein Jackett geöffnet, über dem Bauch spannte das Oberhemd, Petra sah ein Stückchen Haut.

Anrede wie immer, sagte Dr. Dollinger. Er strich sich über die Glatze, sprach langsam und deutlich. Auf der gestrigen Sitzung wurde erneut die divergierende Haltung deutlich – Komma. Di-ver-gie-ren-de mit Vau. Haben Sie?
Ja, murmelte Petra. Sie kam nicht mit. Wie war das? Diever-was? Sie fühlte, wie ihre Hände heiß wurden, der Bleistift klebte ihr an den Fingern.
Erneut die divergierende Haltung deutlich, diktierte Dr. Dollinger weiter, die Herr Boose von der Vertragsabteilung und ich in bezug auf die Abwicklung der neuen Verträge einnehmen. Punkt.
Verzweifelt kritzelte Petra Kürzel und Buchstaben durcheinander auf ihren Stenoblock. Sie war erleichtert, als Dr. Dollinger sich seine Worte nicht noch einmal von ihr vorlesen ließ. Er zog an seiner Zigarre und nickte ihr freundlich zu.
Mit weichen Knien verließ Petra das Chefzimmer.
Wieder an ihrem Schreibtisch versuchte sie, das Geschreibsel zu entziffern. Als die Müschler mal rausging, fragte sie Frau Urbanek: Verteiler Geschäftsleitung? Wer ist denn das alles? Frau Urbanek reagierte nicht. Ihre ganze Aufmerksamkeit war der Stimme zugewandt, die ihr über den Ohrstöpsel direkt in den Kopf tönte. Völlig bewegungslos saß sie da. Dann schaltete sie das Diktiergerät ab, und ihre Finger flogen über die Tasten der *IBM*. *Schreiben Sie mit Kopf, mit dem IBM-Kugelkopf*, dachte Petra. Am liebsten hätte sie ihren Stenoblock zerknüllt und in den Papierkorb geworfen.

Mittagspause konnte sich Frau Urbanek heute nicht leisten. Petra sollte ihr nur ein Brötchen aus der Kantine mitbringen. Das Referat mußte bis 14 Uhr fertig abgetippt und kopiert sein. Dann erreicht der Chef ohne Streß die Maschine nach Köln, sagte die Müschler.
Petra selbst hatte keinen Hunger. Sie trödelte über den Werkhof. Es sah nach Schnee aus, der Himmel war dunkelgrau. Wenigstens regnete es nicht schon wieder. Vor Halle A standen einige

Frauen, dicke Wintermäntel über den bunten Arbeitsschürzen. Petra ging weiter zur Montagehalle. Sie öffnete die schwere Blechtür in dem großen Hallentor. Es roch nach Eisen, Gummi und Maschinenfett.
Sie erkannte Robert. Er arbeitete mit dem älteren Schlosser zusammen, der Petra neulich die Vulkanisierung gezeigt hatte. Petra ging auf die beiden zu.
Tag. Sie reichte dem Schlosser die Hand. Er sah seine schmutzigen Finger an und reichte ihr den Unterarm. Macht nichts, sagte Petra, und gab ihm doch die Hand. Was macht ihr hier so, fragte sie.
Wir setzen die Auflagewalzen auf die Achslager. Die tragen nachher den Fördergurt, sagte der Geselle.
Aha. Petra sah den beiden zu. Aus einer Plastikkiste holten sie die blanken, leicht gekrümmten Walzen und setzten sie von oben in die Lagerblöcke hinein. Wie gut die Teile ineinander passen, dachte Petra.
Plötzlich sah sie Dr. Dollinger. Was will der denn hier, Petra sah auf die Hallenuhr. Halb zwei! Auch Dr. Dollinger hatte Petra erkannt. Er kam auf sie zu. Petra erschrak.
Was machen Sie denn hier? fragte Dr. Dollinger.
Ich ... äh ... stammelte Petra.
Die junge Dame interessiert sich für Maschinen, sagte der Schlosser.
So. Dr. Dollinger wandte sich ab.
Ja, ich geh denn ... ins Büro, stotterte Petra.
Sie ergriff ihren Mantel und rannte los. Das Brötchen fiel ihr ein. Sie hatte es vergessen. Auch das noch.

Frau Urbanek tippte immer noch. Sie blickte nicht von der Maschine auf, sagte nur: Schnell, helfen Sie der Müschler beim Kopieren, ich hab noch das Deckblatt zu schreiben.
Petra hängte ihren Mantel in den Garderobenschrank. Sie war noch völlig außer Atem und rannte gleich weiter. Die Müschler hatte den größten Teil des Referates schon abgelichtet.

Los, legen Sie die Seiten aus, sagte sie und schob Petra einen Packen Kopien zu. Petra fing an. Seite 72, zehnmal nebeneinander. Dann sah sie die Bescherung. Wo sie das Papier angefaßt hatte: schwarze Flecken! An ihren Fingern klebte Schmieröl. Erschrocken wischte Petra die Hände im Rock ab. Heute lief aber auch alles schief. Fieberhaft überlegte sie, was sie machen sollte. Die Müschler hatte nichts bemerkt. Seite 72, das ist die letzte Seite. So weit liest bestimmt keiner der Herren in Köln. Also schnell weiter. Seite 71, 70, 69 ...

Pünktlich um 14 Uhr verließ Dr. Dollinger mit seinem schwarzen Aktenköfferchen das Büro. Sie wünschten ihm noch viel Erfolg mit seinem Referat. Dann holte Frau Urbanek erst mal Luft, atmete tief durch. Die Müschler verschwand in Dollingers Zimmer, kam mit einer Cognacflasche wieder heraus.
Heute dürfen wir uns wohl einen Kleinen genehmigen, meinte sie und holte die Schnapsgläser. Sehr schnell genehmigte sie sich noch einen zweiten Kleinen und fing an, aus ihrem Leben zu erzählen. So aufgekratzt hab ich die Müschler noch nie gesehen, dachte Petra. Die kann ja richtig komisch sein.

16 Büroschluß.
Am Haupttor gab es wieder das allabendliche Gedränge und Geschiebe, jeder wollte so schnell wie möglich nach Hause, alle hatten es eilig. Petra kam mit Frau Urbanek aus dem Verwaltungsgebäude. Vor dem Pförtnerhäuschen wartete Robert.
Alles klar gegangen heute nachmittag? fragte Robert. Petra nickte.
Frau Urbanek blickte von einem zum andern.
Das mit dem Referat, sagte Petra schnell.
Ach so, das, sagte Frau Urbanek. Ja, wir haben es geschafft. Und heute abend wird die Küche zu Ende gestrichen.

Muß das heute sein? murrte Robert.
Ich kann ja helfen, schlug Petra vor.
Keine schlechte Idee, fand Frau Urbanek.

17 Den engen Flur versperrte der Küchentisch, darauf ein Turm aus Körben, Kartons, Töpfen. Farbeimer standen im Weg, Stühle, ein Teewagen. Sieht schlimm aus bei uns, entschuldigte sich Frau Urbanek. Seit einer Woche sind wir dabei und renovieren. In der Küche haben wir gestern abend den zweiten Anstrich nicht mehr geschafft. Petra sah ein Wohnzimmer, drei Türen. Mariannes Zimmer, Roberts Zimmer, Badezimmer, dachte sie. Eine Drei-Zimmer-Wohnung haben sie also. Es roch nach Farbe. Petra liebte diesen Geruch. Dann wollen wir mal anfangen, sagte sie.
Robert brachte ihr seine alte Arbeitshose. Sie reichte Petra fast bis unter die Arme. Sie krempelte die Hosenbeine auf, spazierte herum wie Charlie Chaplin. Robert rührte in der Küche Farbe an, und Petra kletterte auf die Leiter. Erst die Ecken und Ränder.
Fallen Sie da bloß nicht runter, sagte Frau Urbanek und hielt die Leiter fest. Übrigens Kollegin, ich heiße Marianne. Wenn's dir recht ist, lassen wir endlich das Sie.
Petra strahlte. Ich mag Frau Urbanek, dachte sie. Ich mag Marianne. Sie tauchte den Pinsel in die Farbe, paßte auf, daß nichts tropfte. Robert holte sein Kofferradio, auf *HR 3 Top Time* brachten sie gute Musik, Petra summte leise mit. Sie fühlte sich wohl.
Später zeigte Robert ihr in seinem Zimmer den Schraubstock, den er in der Lehrwerkstatt gebaut hatte. Der Schraubstock lag schwer in Petras Hand, vorsichtig strich sie mit den Fingern über das Metall. Es fühlte sich schön glatt an.
Ich wußte gar nicht, daß ihr solche Sachen macht in der Lehrwerkstatt, sagte sie.

Ach, das ist noch gar nichts, meinte Robert und stellte den Schraubstock wieder in das Bücherregal, das die ganze Wand ausfüllte.
Du hast ja ne richtige Bücherei, staunte Petra. Hast du die alle gelesen? Die ganzen Bücher?
Halbe Bücher lese ich nicht, lachte Robert. Und du? Liest du nicht?
Doch. Manchmal.
Und was?
Ich? Was soll ich lesen? Verschiedenes.
Was lese ich eigentlich gern? überlegte Petra. Science Fiction vielleicht. Abenteuergeschichten. Und Märchen. Aber das mochte sie Robert nicht sagen. Der lacht mich ja aus. Sie behielt auch für sich, daß sie schon seit Monaten kein Buch mehr gelesen hatte.
Kennst du das? fragte Robert und zog ein Buch aus dem Regal. *Momo* von Michael Ende. Das mußt du mal lesen. Eigentlich ist es ein Kinderbuch, aber ich mag es. Wenn du willst, kannst du es mitnehmen.
Ich kann es ja mal lesen, sagte Petra.
Aber dann hätte sie das Buch doch beinahe vergessen, Robert mußte sie daran erinnern. Er fuhr sie mit Mariannes Wagen nach Hause, denn es war spät geworden. Hoffentlich gibt es kein Gemecker, es ist schon nach elf. Sie kurbelte das Fenster herunter, atmete tief die kühle Luft ein. Der Himmel war klar, Sterne waren zu sehen.
Gerne wäre Petra mit Robert immer weiter durch die Nacht gefahren, aber in fünf Minuten waren sie schon unten in der Weststadt.
Hier ist es, sagte Petra, und Robert hielt an.
Einen Augenblick saßen sie im Auto und schwiegen.
Gehen wir mal nach Laudenbach in die Disco? fragte Robert dann.
Unbedingt, sagte Petra.
Robert spielte mit dem Autoschlüssel.

Also dann. Bis bald, sagte Petra. Sie stieg aus, hörte, wie Robert den Motor anließ. Sie ging schnell ins Haus, drehte sich nicht noch einmal um.
Gott sei Dank saßen die Eltern vor dem Fernseher. Sie sahen sich den zweiten Teil von *XY-ungelöst* an. Petra blieb in der Tür stehen. Die Eltern starrten gebannt auf den Fernsehschirm. Wahrscheinlich, beteuerte Eduard Zimmermann, haben die Hinweise der Zuschauer die Kriminalpolizei in der Schweiz auf die richtige Fährte geführt.
N'Abend, murmelte Petra. Und: Bin müde.
Sie ging gleich nach oben auf ihr Zimmer. Sie machte das Fenster auf. Ich bin überhaupt nicht müde, dachte sie. Sie suchte ihre Lieblingsplatte heraus, drehte die Musik voll auf, fing an zu tanzen.
Stairway to heaven.
Ruhe! brüllte der Vater von unten. Bist du verrückt geworden? Um diese Zeit!

18

R R
O O
B B
E E
R R
T

tippte Petra am nächsten Morgen im Büro auf eine Karteikarte.
Was machen Sie denn da?!
Petra erschrak. Sie hatte gar nicht bemerkt, daß die Müschler hinter ihr stand.
Ich hab nur mal was ausprobiert, sagte sie, riß die Karte aus der Maschine, zerknüllte sie und spannte eine neue ein. Sie tippte weiter.
Heimann, Peter, Fräser, 15. 7. 1935 ...

In der Mittagspause ging Petra gleich in den Aufenthaltsraum. Robert war nicht da. Sie spielte mit dem rosigen Jungen Tischfußball, verlor die beiden Spiele.
Robert kam nicht.
Auch am Mittwoch und am Donnerstag wartete sie vergeblich.
Ist Robert krank? fragte sie Marianne.
Nein. Wie kommst du denn darauf?
Ach, nur so, sagte Petra. Er war nicht im Jugendaufenthaltsraum.
Marianne sah sie einen Moment nachdenklich an.
Wahrscheinlich mußte er in der Halle bleiben, sagte sie dann. Das machen sie manchmal. Wenn viel zu tun ist.
Natürlich, sagte Petra.

19 Nach Feierabend.
Petra fuhr mit ihrem Mofa zweimal durch die Straße, in der Marianne und Robert wohnten. Sie überlegte, ob sie klingeln sollte. Ich kann ja sagen, ich will Marianne sprechen.
Aber dann fuhr sie zu *Chez Felix* und bestellte sich eine *Pizza Quattro Stazione.*

Petra ging Robert aus dem Weg. Manchmal sah sie ihn mit seinen Kollegen auf dem Werkhof stehen und reden. Wenn er ihr zuwinkte, tat sie so, als hätte sie es nicht bemerkt. Sie ärgerte sich, daß sie nicht einfach hingehen und zu ihm sagen konnte: Hey, du, wir wollten doch nach Laudenbach in die Disco! Sie hatte überhaupt eine miserable Stimmung, auch wieder angefangen, an der Lippe herumzukauen, die Haut war aufgeplatzt, wollte nicht heilen.

20 Das blöde Stenogramm konnte sie schon wieder nicht lesen. Kindchen, Sie müssen sich wirklich ein bißchen mehr Mühe geben, wird die Müschler gleich tönen. Die alte Ziege hängt schon seit zwei Stunden am Telefon.
Marianne blätterte unentwegt in Lohnlisten. Was sucht sie denn bloß? Wahrscheinlich hab ich wieder etwas falsch abgeheftet.
Irgendwie ist das eine Sauerei, sagte Marianne plötzlich. Sie sah nicht, daß Dr. Dollinger aus seinem Zimmer kam.
Stimmt etwas nicht, Frau Urbanek? fragte er.
Ach, äh ... Marianne war verlegen.
Na, raus damit, meinte Dr. Dollinger freundlich. Er lehnte sich an Mariannes Schreibtisch, hatte offensichtlich heute gute Laune.
Ja, wie soll ich sagen, begann Marianne etwas stockend. Erst werden in Halle A Frauen entlassen, weil die Auftragslage sich verschlechtert hat. Dann sind wieder Aufträge da, und Leute werden gebraucht. Aber man stellt nicht die Frauen wieder ein, sondern holt Männer aus Werk II.
Dr. Dollinger löste sich wieder von Mariannes Schreibtisch, knöpfte sein Jackett zu:
Das hing mit Umstrukturierungen innerhalb des Konzerns zusammen.
Gut, das kann ich nicht beurteilen, gab Marianne zu. Aber die eingestellten Männer bekommen mehr Lohn als die Frauen.
In der Leiterplattenfertigung sind alle in Lohngruppe II eingestuft, sagte Dr. Dollinger kurz und abschließend.
Aber Marianne hörte nicht auf:
Das mit Lohngruppe II ist richtig, fing sie wieder an. Nur haben die Männer übertarifliche Zulagen!
Dr. Dollinger versuchte, eine leichte Ungeduld zu verbergen. Betont freundlich sagte er:
Wie ist es, kann ich die Damen noch einmal um Kaffee bitten? Das wäre ganz reizend. Und, Frau Urbanek, noch etwas. Sie dürfen die Lohnfrage nicht losgelöst von der Gesamtplanung sehen.

Damit verschwand Dr. Dollinger in seinem Zimmer.
Als er die Tür hinter sich zugemacht hatte, fragte Petra: Warum beschweren die Frauen sich denn nicht, wenn sie weniger Geld kriegen?
Wahrscheinlich haben sie keine Ahnung, was die Männer bekommen.
Petra begriff nicht.
Guck nicht so dumm, sagte Marianne. Lohnabrechnungen werden bei der *Hemag* immer noch auf dem Klo gelesen.
Ehe Petra weiterfragen konnte, mischte sich die Müschler ein: Kindchen, Sie wissen, daß Sie alles, was Sie hier bei uns im Personalbüro erfahren, nicht im Werk herumtragen dürfen!
Ja, ja, sagte Petra. Natürlich.
Es handelt sich bei den Frauen in Halle A im übrigen um ungelernte Kräfte, fügte die Müschler hinzu und schickte Petra zum Kaffeekochen.

21 In der Mittagspause blieben Marianne und Petra im Büro. Sie hatten beide keinen Hunger. Marianne fing an, von sich zu erzählen. Als ungelernte Arbeiterin hatte sie bei der *Hemag* angefangen.
Sechzehn war ich damals, sagte sie nachdenklich. Ich hatte nur die Volksschule, aber ich wollte weiterkommen. Kurse hab ich besucht, Schreibmaschine, Steno, auch Rechtschreibung. Das war ganz schön hart. Tagsüber acht Stunden monotone Maloche und dann abends noch lernen.
Manchmal habe ich gedacht: Wozu das alles? Warum rackere ich mich so ab? Warum heirate ich nicht einen netten Mann, einen, der jede Woche gutes Geld nach Hause bringt?
Aber dann hatte ich es endlich geschafft, wurde erst als Schreibkraft angestellt, danach Sekretärin im Versand ...
Und jetzt bist du sogar im Vorzimmer des Personaldirektors!
Marianne winkte lächelnd ab.

Aber geheiratet hast du doch, sagte Petra.
Und mir neue Schwierigkeiten eingehandelt! Marianne lachte.
Sie erzählte von ihrer Scheidung, von Robert, und wie sie sich allein mit ihm durchgewurschtelt hatte. Aber das sei ihr lieber gewesen, als eine schlechte Ehe.
Wenn Marianne meine Mutter wäre, dachte Petra, dann könnte ich mit ihr über alles reden. Mit Mami geht es nicht. Warum ist Mami nicht so wie Marianne? Warum hab ich mit Mami immer nur Streit?

22 Am Abend gab es schon wieder Krach. Petra hatte in dem neuen Emailletopf Kartoffeln aufgesetzt.
Der Topf ist für Milch gedacht! rief die Mutter. Nur dafür habe ich ihn gekauft.
Kartoffeln werden dem Topf ja wohl nichts schaden, murmelte Petra halblaut vor sich hin. Aber die Mutter hatte es gehört. Sie riß den Topf vom Herd, kippte die Kartoffeln in den Ausguß. Dabei verbrühte sie sich mit dem heißen Wasser. Jetzt war Petra daran schuld, natürlich.
Deine Mutter ist halt leicht hysterisch, sagte der Vater. Das haben Frauen so an sich. Hängt mit ihren Hormonen zusammen. Man darf das nicht so ernst nehmen, spöttelte er.
Wenn ihr mich nicht ernst nehmt, kann ich ja gehen. Die Mutter ließ sich auf einen Stuhl fallen: Ihr macht euch alle nur über mich lustig!
Schätzchen, niemand macht sich über dich lustig. Das bildest du dir nur ein. Der Vater lachte und legte den Arm um seine Frau.
Petra fiel zum erstenmal auf, wie oft der Vater seine kleinen Witzchen über die Mutter abließ. Früher hab ich immer mitgelacht, dachte sie. Jetzt tat die Mutter ihr plötzlich leid. Streit mit ihr wollte sie wirklich nicht haben.

23 Im März ging Petra mit Conny auf das Folk-Fest, das wieder im Hotel *Halber Mond* stattfand. Mehrere Gruppen spielten, und in den Pausen wurden Mickey-Mouse-Filme gezeigt. Die Stimmung war echt Klasse, wie Conny fand, ungefähr 500 Leute im Saal! Zwei Typen quatschten Petra an, und zogen eine Show ab. Einer nannte sich Ebbi. Er strahlte sie an und wollte wissen, ob sie auch so ein irres feeling von der Musik hätte. Der andere, der Thimo oder so ähnlich hieß, sprang plötzlich auf die Bühne und spielte Mundharmonika. Nicht schlecht, wie Petra zugeben mußte. Dann spielte eine Gruppe irische Musik, und der ganze Saal fing an zu tanzen.
Da erst sah Petra Robert. Er tanzte ganz eng mit einem Mädchen, das die Arme um seinen Hals gelegt hatte. In der Umbaupause hockten sich alle wieder auf den Boden, Robert und das Mädchen saßen in einer Ecke. Sie küßten sich.
Petra ging erst aufs Klo und dann nach Hause.

Was war denn los? fragte Conny am nächsten Tag. So eine wahnsinnige Stimmung, und du haust ab!
Conny ging Petra in der letzten Zeit immer mehr auf die Nerven. Sie redete nur noch über Mode, und ob sie sich die Haare mit Henna färben oder sich ein drittes Loch ins Ohrläppchen stechen lassen sollte. Außerdem zog Conny jetzt mit Stefan Rükert herum, und der mit seinen Fiorucci-Klamotten, fand Petra, war wirklich das letzte.

24 Die Tage im Büro schleppten sich hin. Es war Juni. Das erste Ausbildungsjahr ging langsam zu Ende. Zwei Monate war Petra in der *EDV* gewesen, demnächst sollte sie zum Fernschreiber kommen. Was würde da schon besser werden?
Da siehst du mal was anderes, sagte Marianne aufmunternd. Aber es klang nicht sehr überzeugt.

Ja, muffelte Petra und wußte: Irgendwie ist es doch immer dasselbe. Langeweile. Stumpfsinn.

Die Berufsschule am Donnerstag ließ sie wieder sausen und fuhr am Morgen gleich nach Lorsch ins Schwimmbad. Aber da war auch nichts los. Sie fühlte sich schlapp. Vielleicht lag es an dem warmen Wetter. Abends hing sie vor dem Fernsehapparat. Sie konnte sich zu nichts aufraffen. Ich bin im Trott wie alle, dachte sie. Ich trotte morgens ins Büro und abends trotte ich wieder nach Hause. Das kann doch nicht das Leben sein.

25 Petra saß an der Rechenmaschine und träumte vor sich hin. Auswandern. Australien. Wenn ein Atomkrieg kommt, ist Australien das einzige Land, in dem Menschen überleben werden. Die Haare fallen uns aus und die Zähne.
Sie schrak zusammen, als Marianne sie ansprach.
Ich muß mal ernsthaft mit dir reden, Petra.
Was hatte sie denn jetzt schon wieder falsch gemacht?
Nun zieh doch nicht so ein Gesicht! lachte Marianne. Willst du mal meine ehrliche Meinung hören? Das hier ist nichts für dich. Du machst deine Arbeit gut, verstehst alles, aber ich merke seit langem, daß es dir überhaupt keinen Spaß bringt. Du gehörst nicht ins Büro. Du mußt was anderes machen, ich glaube, etwas Praktisches. Du, Petra, ich würde versuchen, in die Lehrwerkstatt zu kommen. Maschinenschlosser oder so was.
Abbrechen?
Gott, was verlierst du schon. Ein Jahr! Dann hast du eben mal was ausprobiert. Den Beruf hast du nachher für ein ganzes Leben. Was ist denn da schon ein Jahr! Übrigens – Robert ist fertig, weißt du das eigentlich? Mit Zwei hat er die Prüfung gemacht.
Schön für ihn, sagte Petra. Sie konnte darauf jetzt nicht eingehen. Sie war mit ihren Gedanken woanders.

Als sie sich im Klo die Hände wusch, betrachtete sie sich seit langer Zeit wieder einmal genauer im Spiegel: Ich als Maschinenschlosserin?

26 Nach Feierabend fuhr Petra mit ihrem Mofa gleich zu Oma Zwirner.
Was würdest du sagen, fragte sie die Großmutter, wenn ich Maschinenschlosser wäre?
Erst mal würde ich sagen: Maschinenschlosser? Maschinenschlosserin! Und zweitens – Oma Zwirner sah Petra nachdenklich an: – vorstellen könnte ich mir das schon. Willst du das denn?
Ich weiß nicht.
Ist ja 'n Männerberuf, meinte Oma Zwirner dann. Mußt du dir überlegen, als Frau so unter lauter Männern.
Das macht mir nichts aus.
Was soll ich dir raten, Petra. Letzten Endes mußt du das selbst entscheiden.
Das ist ja grad das Furchtbare!
So, du findest das besser, wenn andere für dich entscheiden!
Ach, Oma! Petra mußte lachen.
Komm mal her, Kind, sagte Oma Zwirner, laß dich mal drücken. Sie zog Petra an sich und nahm sie fest in die Arme. Eine Weile saßen sie ganz eng zusammen.
Dann fiel Petra plötzlich auf: Es hat Oma Zwirner gar nicht überrascht.

27 «Betriebsrat Kalweit, Greta Eisenkrämer, Erika Stritt.» Diese drei Namen hatte Petra auf dem Terminkalender für 10 Uhr 45 eingetragen. Die Zeit ab 11 Uhr war für Chefingenieur Dr. Tümle reserviert.
Jetzt war es 11 Uhr 10. Seit einer Viertelstunde schon saß Dr. Tümle nebenan in dem kleinen Wartezimmer.

Hoffentlich geht das da drinnen mal voran, jammerte die Müschler.
Da läuft eine Beschwerde beim Betriebsrat, sagte Marianne. Wegen der Zulagen, die die Männer in Halle A bekommen.
Die Müschler sah Marianne erstaunt an, sagte aber nichts. Sie meldete noch einmal über die Sprechanlage:
Herr Dr. Dollinger, Herr Dr. Tümle ist da!
Ja, ja, sofort, tönte es zurück.
Die Tür ging auf. Dr. Dollinger verabschiedete die beiden Frauen und Betriebsrat Kalweit. Er ging auf Dr. Tümle zu.
Tümle, kommen Sie rein! Frau Müschler, ich möchte nicht gestört werden.
Kaum hatte Dr. Dollinger die Tür hinter sich geschlossen, da platzte Greta Eisenkrämer heraus:
Nichts als schöne Reden! Er wollte nur konkrete Namen! Wenn wir ihm nicht sagen könnten, wer uns die Sache mit den Zuschlägen für die Männer gesteckt hätte, sähe er sich nicht in der Lage, mit uns zu reden!
Greta, nun beruhige dich!
Kalweit ist es nicht recht, daß diese Greta Eisenkrämer so laut redet, merkte Petra. Die hagere Frau überragte den Betriebsrat um Kopfeslänge. Wild fuchtelte sie mit den Armen herum. Wie alt sie war, konnte Petra nicht genau schätzen. Vielleicht so alt wie Marianne. Auf jeden Fall war die andere Frau, Erika Stritt, älter. Sie hatte krause, blondgefärbte Haare und viele kleine Lachfalten um die Augen.
Weißt du, was ich zu ihm gesagt habe? fragte sie.
Nein, erzähl mal, sagte Marianne, obwohl die Müschler schon ganz nervös wurde. Noch mehr Lachfalten erschienen in dem Gesicht von Erika Stritt:
Wenn Sie wissen wollen, Herr Dr. Dollinger, sagte sie und strahlte, wenn Sie wissen wollen, welche Männer Zulagen bekommen, dann brauchen Sie doch nur in Ihren Lohnlisten nachzusehen! Da steht doch alles drin!
Marianne lachte, und die Müschler räusperte sich. Erika Stritt

achtete nicht darauf, sie sah Marianne jetzt sehr ernsthaft an: Er hat behauptet, wir in Halle A würden alle demnächst neu eingruppiert werden.
Ehe Marianne antworten konnte, rief Greta Eisenkrämer: Wer's glaubt, wird selig!
Betriebsrat Kalweit nickte Marianne zu und schob die beiden Frauen vor sich her zur Tür. Petra hörte Greta Eisenkrämer noch auf dem Flur schimpfen:
Ich hab die Schnauze voll! Und ich will mich aufregen! Das kann mir hier keiner verbieten!
Das ist ja furchtbar! war der einzige Kommentar der Müschler. Marianne sagte gar nichts.
Petra wartete ab, bis die Müschler endlich einmal hinausging, dann fragte sie Marianne:
Der Betriebsrat muß doch etwas unternehmen, wenn es solche Ungerechtigkeiten mit dem Lohn gibt. Oder?
Schön wär's, wenn er etwas machen könnte, sagte Marianne. Es ist nämlich so: der Betriebsrat kann nur dann etwas unternehmen, wenn sich eine Arbeiterin bei ihm beschwert, daß sie nicht richtig eingestuft ist.
Ja, und dann?
Dann unterhält sich der Betriebsrat erst mal mit dem entsprechenden Meister und läßt sich die Eingruppierung in seiner Abteilung erklären. Dabei kriegt der Meister leicht raus, welche Frau sich beschwert hat. Und dann geht er zu dieser Frau hin und sagt, er sei doch sehr enttäuscht von ihr. Warum sie denn gleich zum Betriebsrat gerannt wäre? Sie hätte doch erst mal zu ihm kommen können. Wo er doch immer alles so schön für seine Leutchen regelt. Naja, und dann kriegt die Frau Muffensausen und sagt, das wäre alles nicht so gemeint gewesen. Mehr so allgemein. Und damit aus! Keine Möglichkeit mehr für den Betriebsrat.
Petra verstand das alles nicht. Warum kann man nicht sagen, was man verdient? Das ist doch kein Geheimnis. Wenn mich einer fragt, ich sag das.

Marianne lächelte: Na, warte mal ab. Das ist in vielen Betrieben so, daß über Lohn nicht geredet werden darf. Angestellte müssen oft sogar unterschreiben, daß sie über ihr Gehalt schweigen! Und dann entsteht so'n richtig schönes Mißtrauen unter den Kollegen. Jeder denkt, der andere hat mehr. Eine gemeinsame Aktion kommt zum Beispiel unter solchen Verhältnissen nie zustande.
Marianne macht sich Gedanken, dachte Petra. Marianne weiß ganz schön Bescheid.

28 Die Hitze machte allen zu schaffen. Die ganze Woche war es schwül und drückend, über der Rheinebene hing eine gelblichgraue Dunstglocke. *Jeder zehnte Krebs durch Smog?* hatte *Bild* gefragt und die Verhältnisse im Rhein-Main-Gebiet mit denen in New York verglichen. Heute war es nicht mehr auszuhalten. Die Temperatur stieg auf 38 Grad.
In der Kantine gab es Fischstäbchen mit Remouladensauce. In einer langen Schlange warteten die Leute an der Essenausgabe. Eis könnte ich jetzt vertragen, dachte Petra und ging zurück auf den Hof. Sie setzte sich auf die Bank gegenüber von Halle A. Das Hallentor stand weit offen. Petra erkannte Marianne zusammen mit Betriebsrat Kalweit und Greta Eisenkrämer vorn in der Halle. Alle drei redeten sie auf einen Mann in blauem Arbeitsanzug ein. Petra dachte an das, was Marianne ihr heute morgen gesagt hatte.
Mach dir bloß keine Gedanken darüber, daß du in der Lehrwerkstatt vielleicht die einzige Frau bist. Das ist nicht dein Problem. Das ist ein Problem der Männer! Du mußt nur deine Arbeit machen. Das allein ist wichtig.
Marianne stand immer noch da und redete.
Worüber redeten sie bloß so lange?

29 Kurz nach 8 Uhr erschienen Greta Eisenkrämer und Erika Stritt im Personalbüro. Greta fuchtelte wieder mit den Armen herum und wollte sofort Dr. Dollinger sprechen. Erika schien das nicht recht zu sein.

Laß uns auf Kalweit warten, rief sie und hob beschwörend die Hände. Bitte, Marianne, ruf Kalweit an! Er muß irgendwo im Werk herumlaufen.

In diesem Augenblick betrat Dr. Dollinger das Büro:

Morgen die Damen. Na, was gibt's denn heute wieder?

Erika konnte nicht verhindern, daß Greta dem Personaldirektor eine Lohnabrechnung hinhielt.

Was ist damit? fragte er.

Lesen Sie mal!

Gretas Stimme klang triumphierend. Dr. Dollinger sah sich die Lohnabrechnung näher an.

Ja, sagte er, das ist eine Lohnabrechnung. Darf ich mal fragen, woher Sie die haben?

Die hat einer liegengelassen!

So. Einfach liegengelassen.

Dr. Dollinger schüttelte lächelnd den Kopf. Jetzt macht er die Frau fertig, fürchtete Petra. Sie sah Marianne an. Mariannes Gesicht wirkte unbeteiligt. Ihre Hände lagen auf der Schreibmaschine. Sie waren angespannt. Marianne hält sich an der Schreibmaschine fest, dachte Petra.

Dr. Dollinger gab Greta das Papier zurück. In freundlichem Ton sagte er:

Ich nehme an, Ihr Kollege, dieser Herr Röver, vermißt seine Abrechnung schon. Ich darf Sie bitten, ihm seine Unterlagen wiederzugeben.

Greta preßte die Lippen aufeinander. Dann sagte sie, eine Spur leiser:

Da steht schwarz auf weiß, daß die Männer 1,50 Mark Zulage bekommen! Das sind mehr als 200 Mark im Monat!

Jetzt sagte Dr. Dollinger in scharfem Ton:

Liebe Frau Eisenkrämer! Sie können mich nicht einfach so über-

fallen. Ich bin gerne bereit, mit dem Betriebsrat zu sprechen, aber auf diese Weise geht das nicht! Das müssen Sie verstehen.
Greta wich einen Schritt zurück.
Ja, schon, sagte sie plötzlich unsicher.
Na also. Dann gehen Sie bitte wieder an Ihre Arbeit und geben Herrn Röver seine Abrechnung zurück. Das Ganze wird sich schon aufklären. Guten Morgen.
Damit machte Dr. Dollinger die Tür von seinem Zimmer hinter sich zu. An der Telefonanlage konnten sie sehen, daß er sofort telefonierte.
Ich habe dir gleich gesagt, wir dürfen nichts ohne Kalweit machen! jammerte Erika. Aber du mußt ja immer mit dem Kopf durch die Wand!
Ich glaube, da hast du einen Fehler gemacht, Greta, sagte auch Marianne.

30 Die Frauen von der Frühschicht standen in Gruppen zusammen. Also es stimmt! Wir kriegen für die gleiche Arbeit weniger Lohn! Kollege Röver hat am Freitag in der Spätschicht seine Lohnabrechnung liegengelassen, jetzt haben wir den Beweis! Ein paar andere Männer haben inzwischen auch zugegeben, daß sie übertarifliche Zulagen bekommen!
Ob die Männer jetzt sauer sind? fragte sich Petra. Vor der Werkzeugmacherei entdeckte sie Marianne und Kalweit. Einen Moment zögerte sie, dann stellte sie sich zu den beiden. Marianne brach mitten im Satz ab.
Na, Petra, sagte sie.
Petra war es unangenehm, das Gespräch unterbrochen zu haben. Ja, denn gehe ich mal, sagte sie und kam sich hilflos vor. Im Treppenhaus begegnete sie Conny und zwei anderen Frauen aus der Buchhaltung.
Ist ja richtig mal was los hier! rief Conny ihr zu.

31 Die Ereignisse überstürzten sich. Einen Tag später, kurz vor halb 9, rollte Dr. Zapka von der Geschäftsleitung herein und verschwand bei Dr. Dollinger.
Was hat der denn? Die Müschler guckte verdutzt.
Na, was schon, antwortete Marianne und tippte weiter. Keine Zeit wird er haben. Wie üblich.
Nach zehn Minuten kam Dr. Dollinger aus seinem Zimmer.
Frau Urbanek, sagte er. Würden Sie bitte mal kommen.
Das war ungewöhnlich. Dollinger pflegte seine Damen über die Sprechanlage zu rufen. Marianne griff nach ihrem Stenoblock.
Nicht nötig, sagte Dr. Dollinger.
Als sich die Tür hinter beiden geschlossen hatte, stieß die Müschler einen leisen Pfiff aus:
Da ist was im Busch. Ich kenne doch den Chef. Wenn der so ein Gesicht macht!
Petra tippte weiter *Urlaub* oder *krank* auf rote und grüne Aufkleber. Die brauchten sie für die Personalakten. Damit man auf einen Blick sehen konnte, wie oft einer krank war.
Hoffentlich ist nichts Schlimmes für Marianne, dachte Petra. Sie sah an der Telefonanlage, daß Dr. Dollinger telefonierte. Nach einer Viertelstunde klopfte es. Betriebsrat Kalweit. Er sollte, wie er sagte, zum Personalchef kommen.
Der Chef ist in seinem Zimmer, Sie können reingehen, sagte die Müschler etwas geziert.
An der Telefonanlage blinkte es schon wieder auf. Was telefonieren die denn bloß? dachte Petra.
Es klopfte erneut. Einer im Blaumann kam herein. Es war Röver. Der hatte die Lohnabrechnung liegenlassen. Er sei zu Herrn Dr. Dollinger bestellt. Die Müschler vertiefte sich in ihre Arbeit und nuschelte etwas von dauernden Störungen. Über die Sprechanlage rief sie:
Ein Herr Röver ist hier.
Soll reinkommen, tönte es kurz zurück.
Röver zögerte einen Moment, dann ging er zu Dr. Dollinger

hinein. Als er die Tür öffnete, lehnte Petra sich in ihrem Stuhl zurück und versuchte, einen Blick ins Zimmer zu werfen. Aber Marianne konnte sie nicht sehen.
Da läuft was, sagte die Müschler. Da können Sie Gift drauf nehmen.
Die Lohnabrechnung, dachte Petra. Darum geht es. Hoffentlich kriegt Marianne keinen Ärger.
Nach einigen Minuten ging die Tür zum Chefzimmer wieder auf. Als erster kam Röver heraus.
Wiedersehen, sagte er kurz und ging.
Dann rauschte Zapka hinaus.
Marianne sah blaß aus. Kalweit klopfte ihr auf die Schulter. Alles klar? fragte er.
Ja, Fritz, antwortete sie. Ist schon so in Ordnung.
Komm nachher bei mir vorbei, sagte Kalweit noch und verabschiedete sich.
Marianne setzte sich an ihren Schreibtisch.
War etwas Schlimmes? wollte die Müschler wissen.
Nein, sagte Marianne. Ich verlasse nur die Abteilung.
Petra bekam einen Schreck. Die Müschler sah Marianne entsetzt an:
Wieso denn das? fragte sie langsam.
Auf eigenen Wunsch gehe ich zurück in den Versand, sagte Marianne kurz und fing an zu tippen.
Ja, aber ... das begreife ich nicht! Da muß doch etwas vorgefallen sein!
Ich habe Ihnen doch gesagt, auf eigenen Wunsch, Frau Müschler. Und jetzt lassen Sie mich bitte in Ruhe.
Die Müschler fragte nicht weiter, sie starrte Marianne nur an.
Das glaube ich nicht, dachte Petra. Das kann nicht Mariannes Wunsch gewesen sein. Das sagt sie nur so.

32 Als Petra aus der Kantine kam, saß Marianne auf der Bank vor Halle A. Sie winkte Petra zu sich. Zum Mittagessen war sie nicht mitgegangen. Sie wollte lieber draußen an der frischen Luft eine Zigarette rauchen. Sie erzählte dann, was passiert sei. Jemand habe der Geschäftsleitung zugetragen, sie sei es gewesen, die Röver veranlaßt habe, seine Lohnabrechnung liegenzulassen. Sie, Marianne, sei schuld an der Unruhe in Halle A. Sie, als Angestellte des Personalbüros, habe ihre Schweigepflicht verletzt. Und so weiter. Sie habe dann verlangt, daß der Betriebsrat geholt würde, und Kalweit hätte gleich den Kollegen Röver kommen lassen.

Und der? fragte Petra.

Der hat gesagt, daß er seine Lohnabrechnung aus Versehen liegengelassen hat.

Aber dann konnten sie *dir* doch keinen Vorwurf machen.

Nein, das konnten sie nicht. Aber sie haben so lange auf mich eingeredet, bis ich kapiert habe. Ich sollte sagen, ich möchte zurück in den Versand. Damit sie schreiben können: auf eigenen Wunsch.

Hast du wirklich – fing Petra an, aber sie brach ab.

Was soll ich wirklich?

Ach, nichts, sagte Petra.

Marianne sah ihr in die Augen.

Ist schon gut, sagte sie. Im Versand war ich eigentlich viel lieber. Sie lachte.

Damit haben die bestimmt nicht gerechnet!

Marianne steckte sich eine neue Zigarette an. Petra sah zu, wie sie den Rauch tief in die Lunge zog.

Wenn du gehst, gehe ich auch, sagte sie. Ich will im Büro aufhören. Ich will Maschinenschlosser werden.

Ach, Petra, sagte Marianne. Sie legte ihre Hand auf Petras Hand und drückte sie.

33 Ausbildungsleiter, Joachim Weber. Gewerblich-technischer Bereich. Petra las das Türschild zum zweitenmal. Ich geh jetzt rein, sagte sie sich. Ich hab mich entschlossen.

Sie klopfte kräftig. Herein.

Er ist also da. Petra öffnete die Tür. Das energische Klopfen hatte ihr plötzlich Mut gemacht. Auch die richtigen Worte fielen ihr gleich ein. Sie erklärte Herrn Weber, daß sie ihre Ausbildung im Büro abbrechen und Maschinenschlosserin werden möchte. Die Zeit im Büro betrachte sie nicht als verloren, sie wisse jetzt genauer, was sie wolle. Daß sie den Eltern von ihrem Entschluß nichts gesagt hatte, erwähnte sie nicht. Herr Weber fragte auch nicht danach. Er ließ sie reden. Dann räusperte er sich: Er persönlich habe nichts gegen Mädchen in sogenannten Männerberufen. Ganz im Gegenteil. Aber letztlich hinge die Entscheidung nicht von ihm allein ab. Da hätten die Meister noch ein Wörtchen mitzureden und so weiter. Außerdem wäre Petra reichlich spät gekommen, die Auswahlverfahren für das neue Ausbildungsjahr seien abgeschlossen. Wir haben 17 Jungen aus 150 Bewerbungen ausgesiebt, sagte er.

Schüttelrost, Schüttelfrost, mußte Petra wieder denken.

Ich lasse Sie mal den Test machen, sagte Herr Weber dann und notierte sich Petras Namen. Wir müssen ja erst mal sehen, ob Sie überhaupt geeignet sind. Also, wenn es Ihnen ernst ist ...

Ernst. Der Ernst des Lebens. Jetzt fängt er wirklich an, dachte Petra. Aber dann werden sie mich endlich auch ernst nehmen.

Ja, es ist mir ernst, sagte sie.

Herr Weber stand auf, gab ihr die Hand.

Sie hören von mir, sagte er. Aber machen Sie sich keine allzu großen Hoffnungen.

34 Zwei Tage später im Büro. Petra wurde am Telefon verlangt. Ob sie in einer halben Stunde zu Herrn Weber kommen könne? Zum Test.
Marianne hielt ihr die Daumen. Die Müschler stieg mal wieder nicht durch.
Was für ein Test? wollte sie wissen.
Grippetest, sagte Marianne.
Seit wann gibt es denn so etwas? hörte Petra die Müschler noch fragen.

35 Jetzt war sie doch aufgeregt. Herr Weber gab ihr die Testbögen und einen neuen blauen Kugelschreiber. Sie mußte sich an den großen Tisch mitten im Zimmer setzen. Herr Weber nahm seine Armbanduhr ab. Er forderte sie auf, die allgemeinen Bemerkungen auf der ersten Seite zu lesen, sie solle Bescheid geben, wenn sie soweit wäre. Sie las, daß sie jetzt einen Intelligenz- und Eignungstest machen würde und daß sie die Ergebnisse nicht weitergeben dürfe. Sie hatte plötzlich wieder diesen Frosch im Hals und mußte sich räuspern. Dann sagte sie heiser:
Ich fange jetzt an. Sie las:
*1. Die Tochter des Bruders meiner Mutter ist meine_*

Nichte	*Tante*	*Kusine*	*Enkelin*	*Stiefschwester*
A	*B*	*C*	*D*	*E*

Kreuzen Sie die richtige Antwort an.
Die Tochter des Bruders? Was hat denn das mit Maschinenschlosser zu tun? Die Tochter des Bruders meiner Mutter ist meine ... Kusin, Kusine! Also C. Oma Zwirner. Die Mutter meiner Mutter. Los, weiter!
2. Das Gegenteil von verschwenderisch ist

schlicht	*geizig*	*sparsam*	*großzügig*	*wohlhabend*
A	*B*	*C*	*D*	*E*

Geizig? Nein, sparsam. C. Weiter.

Auf der dritten Seite endlich kamen technische Fragen. *Wie muß ein Treibriemen gespannt werden, damit die Achse X ... Welches Zahnrad dreht sich in Uhrzeigerrichtung ...*
Jetzt hatte Petra schon eher das Gefühl, den richtigen Test bekommen zu haben. Sie fand die Fragen nicht besonders schwierig, manche höchstens etwas kniffelig. Zum Schluß mußte sie nach einer Abbildung ein Stück Draht biegen. Herr Weber äußerte sich nicht, ob sie es richtig gemacht hatte. Er sagte nur: Das war's dann für heute. Ich rufe Sie an.

36 Freitag, eine Woche später.
Kurz vor Büroschluß rief Ausbildungsleiter Weber an. Petra möge doch, bevor sie gehe, kurz bei ihm hereinschauen.
Ich wette, du hast Glück gehabt, behauptete Marianne.
Und das sagte auch Herr Weber.
Glück muß man haben im Leben, Fräulein Simoneit. Heute hat ein Vater für seinen Sohn abgesagt. Ich habe den Ausbildungsvertrag für Sie vorbereitet. Mit den Meistern habe ich Ihre Bewerbung besprochen. Ihre Eltern brauchen nur zu unterschreiben. Und bitte, bringen Sie mir den Vertrag umgehend zurück! Ach, und noch etwas. Ich muß Ihnen sagen, Sie haben den Test wirklich ausgezeichnet gemacht.
Maschinenschlosser! Es hat geklappt! Ich hab einen Vertrag! Petra rannte die Treppen hinunter.
Am Haupttor wartete Marianne.
Mensch, Mädchen, sagte sie und gab Petra einen Kuß.

37 Die Luft abends zu Hause war zum Schneiden.
Der Vater hatte vergessen, der Mutter zu sagen, daß er mit seiner Bowlingmannschaft auch an diesem Wochenende ein Auswärtsspiel hatte. In Aachen. Wir müssen noch heute abend fahren,

sagte er, damit wir uns auf der fremden Bahn etwas einspielen können.
Das ist das vierte Wochenende! Die Mutter hatte wieder ihre schrillen Töne. Letzten Samstag Bielefeld, morgen Aachen und was ist es nächste Woche? Wahrscheinlich Saarbrücken! Und ich hocke hier zu Hause!
Du kannst doch mitkommen, Uschi. Andere Frauen kommen ja auch mit.
Vielen Dank! Mit deinen Kegelbrüdern, das fehlte mir noch!
Bowling, bitte. Und ich will dir mal was sagen, meine Liebe, Bowling ist ein ernstzunehmender Sport. Wenn du das endlich mal zur Kenntnis nehmen würdest. Gerade morgen haben wir einen verdammt harten Kampf vor uns. Dieses Theater jedesmal habe ich satt! Es kotzt mich langsam an.
Die Mutter knallte die Tür vom Schlafzimmer hinter sich zu.
Zehn Minuten später hörte Petra die Autotür, und der Vater fuhr los. Warum fährt Mami eigentlich nicht mit? Vielleicht ist es doch ganz lustig. Ich verstehe Mami nicht.

38 Am Samstag arbeitete die Mutter bis 13 Uhr in der Reinigung. Sie kam schon gereizt nach Hause und natürlich schimpfte sie, daß die Birnen noch eingemacht werden mußten:
Der Garten bringt mich um. Drei Bäume Frühbirnen!
Oma Zwirner hatte geschätzt, daß da mehr als ein Zentner dran hänge. Es gäbe wohl einen harten Winter.
Den ganzen Nachmittag saß Petra mit der Mutter in der Küche und schälte Birnen. Von dem Ausbildungsvertrag erwähnte sie nichts. Sie wollte erst mit dem Vater reden.

39 Sonntagabend. Der Vater kam spät. Er war guter Laune und überhaupt nicht betrunken, wie er ständig wiederholte.
Besoffen bist du! kreischte die Mutter. Voll bis an den Rand! Das laß ich mir nicht länger gefallen!
Petra zog sich auf ihr Zimmer zurück.

40 Montagabend. Sigrid flippte herum. Morgen sei ihre mündliche Abschlußprüfung, sie würde garantiert durchfallen. Diese lateinischen Fachausdrücke gingen nun mal nicht in ihren Kopf. Petra fragte die Schwester noch einmal das Wichtigste aus dem Lehrbuch für die Zahnarzthelferin ab:
Parulis (dicke Backe): Beim submukösen Abszeß hat der Eiter das Periost durchbrochen und sich in den Weichteilen ausgebreitet. Dadurch kann sich eine Parulis (dicke Backe) ergeben. Der perimandibuläre Abszeß liegt im Bereich des Unterkiefers (peri = neben, um, herum). Weiter besteht die Möglichkeit der Eiterwanderung zur Außenhaut (subkutaner Abszeß) hin. Ein Abszeß kann auch einen Ausgang durch die Weichteile bilden. Diesen röhrenförmigen Gang nennt man Fistel, und die Öffnung nach außen, d. h. an die Schleimhaut der Mundhöhle oder die Außenhaut, nennt man Fistelmaul.
Das ist ja widerwärtig, sagte der Vater und ging noch auf ein schnelles Bier fort.

41 Dienstag. Sigrid kam mit einer Zwei nach Hause. Ein sehr gutes Ergebnis, wie sie erklärte. Einsen würden so gut wie gar nicht mehr vergeben. Dabei hätte Sigrid beinahe eine Eins bekommen, wenn sie nicht bei der Kassenabrechnung einige Positionen verwechselt hätte. Jetzt stand sie im Badezimmer vor dem Spiegel, reckte das Kinn hoch und drehte den Hals hin und her.

Ist da noch ein Rand?
Was?
Ob das Make-up richtig verteilt ist.
Petra sah nur kurz hin. Ja, ist gut, sagte sie. Sie saß auf dem Badewannenrand und wartete darauf, daß die Schwester den Platz am Waschbecken endlich freigeben würde. Ihre Hände waren voller Schmieröl. Von dem letzten Geld hatte sie sich einen neuen Kolben für ihr Mofa geleistet und ihn nach Büroschluß gleich eingebaut.
Wir wollen das Ereignis feiern, und du mußt wieder rumwerkeln! hatte die Mutter gemeckert. Petra sollte ihr lieber helfen, damit das Essen fertig würde.
Sigrid hatte sich die Augen mit einem schwarzen Kajalstift umrandet. Sie spitzte den Stift neu an.
Komm, sagte sie zu Petra, ich mach dir auch einen Strich.
Ich sehe blöde aus mit so was. Petra stand auf. Sie wollte an Sigrid vorbei, aber die Schwester hielt sie fest:
Jedes Auge sieht damit besser aus. Ausdrucksvoller.
Mit einem leichten Ruck zog Sigrid die Haut unter Petras rechtem Auge etwas nach unten. Sie fuhr mit dem Stift den Rand des Unterlids entlang. Petra war es unangenehm.
Jetzt zumachen, befahl Sigrid.
Petra schloß die Augen. Ich muß es ihnen heute endlich sagen, dachte sie. Ich muß Papp allein sprechen.
Der weiche Stift kitzelte etwas, sie spürte, wie ihr Augenlid leicht zitterte.
Toll siehst du aus, sagte Sigrid.
Toll, dachte Petra, irre, verrückt, wahnsinnig. Sie öffnete die Augen. Ein schwarz umrandetes Auge blickte sie im Spiegel an. Das traurige Auge eines Clowns. Einen Moment sah Petra in das Auge, das ihr Auge war. Dann nahm sie den Stift und malte sich drei große, schwarze Tränen auf die Wange.
Bist du übergeschnappt? Hör auf, dein Gesicht vollzuschmieren! Entsetzt verfolgte Sigrid, wie Petra mit dem Lippenstift eine weite, geschwungene Linie um ihren Mund zog, die Form dick

mit Lippenstift-Farbe ausfüllte. Der breite Mund verzog sich erst nach unten voller Trauer, dann hoben sich langsam die Mundwinkel, und das lachende Gesicht eines Dummen August sagte:
Herzlichen Glückwunsch übrigens noch zur bestandenen Prüfung!
Sigrid starrte Petra verblüfft an. Sie sagte nur:
Du hast nicht alle Tassen im Schrank.
Da rutschten die Mundwinkel nach unten, das schwarze Auge blickte traurig.
Also wirklich, du hast einen Knall, Petra. Sigrid mußte lachen.
Knallfrosch, sagte Petra und zwinkerte mit dem Clownsauge.
Sigrid sah Petra nachdenklich an. Unvermittelt sagte sie:
Jochen und ich wollen heiraten.
Im ersten Moment konnte Petra gar nichts sagen. Aber Sigrid hatte wohl auch keine Antwort erwartet. Sie schwärmte von der Wohnung, die ein Kollege Jochen versprochen hatte. Teppichboden, Waschmaschine, Müllschlucker. Einfach traumhaft. Als ob sie die Wohnung heiraten will, fand Petra und fragte:
Wissen Mami und Papp es schon?
Nein, du bist die erste.
Petra wollte die Schwester umarmen, aber Sigrid schob sie von sich weg:
Paß auf! Du schmierst mich voll!
Einen Augenblick saßen sie jetzt nebeneinander auf dem Rand der Badewanne und schwiegen. Leise brummte der Boiler. Sigrid will also Jochen heiraten, dachte Petra. Sie hatte sich nie sonderlich für die Freunde der Schwester interessiert. Von Jochen wußte sie nur, daß er Zahntechniker bei Sigrids Chef war. Der schwarze Vollbart, sein zugewachsenes Gesicht, das war das einzige, was ihr zu Jochen einfiel. Rübezahl. Sie blickte die Schwester von der Seite an. Die ist richtig glücklich, dachte sie und hatte plötzlich den Wunsch, mit Sigrid über alles zu sprechen. Langsam sagte sie:
Du, Sigi, ich habe ein Problem.

Sigrid sah Petra erschrocken an:
Kriegst du ein Kind?!
Nein! lachte Petra. Etwas ganz anderes.
Sie wußte nicht, wo sie anfangen sollte.
Es ist so ... ich kann es im Büro nicht mehr aushalten.
Sigrid stand auf.
Das kenne ich. So einen Koller hatte ich nach einem halben Jahr auch. Wenn ich morgens in die Praxis kam, hätte ich kotzen können von diesem Geruch nach CHKM.
Nach was?
Chlorphenolkampfermenthol, erklärte Sigrid. Damit macht mein Chef immer noch Wurzelbehandlungen, obwohl dies ekelhafte Zeug völlig überholt ist. Guck nicht so, ich sage dir, man gewöhnt sich an alles. Auch ans Büro.
Sigrid warf noch einen prüfenden Blick in den Spiegel. Dann gab sie Petra eine rosa Plastikflasche. Hier, damit kriegst du den Schmierkram von deinem Gesicht wieder runter. Und beeile dich ein bißchen, sagte Sigrid noch, dann schwirrte sie ab.
Petra spürte, daß ihr die Tränen kamen. Sie wollte nicht weinen. Verbissen schrubbte sie sich die Hände mit der Bürste, bearbeitete das Gesicht mit Wasser und Seife. Aber die rote Farbe wollte nicht ganz verschwinden.

In der Küche war die Mutter in Fahrt. Sie hatte Schaschlik-Spieße vorbereitet. Schweinefleisch, Filet vom Rind, Leber, Zwiebelringe, Paprikascheiben. Später sollte im Garten gegrillt werden. Auf dem Holzkohlengrill, den die Mutter dem Vater zum Fünfundvierzigsten geschenkt hatte. Für das Grillen war schon immer der Vater zuständig gewesen, die Mutter machte die Vorarbeiten, kümmerte sich um die Salate. In der *Brigitte* hatte sie wieder einmal neue Soßen entdeckt, die wollte sie heute ausprobieren. Mit Leidenschaft sammelte die Mutter Rezepte, die sie meistens aus irgendwelchen Zeitschriften herausschnitt, in Klarsichthüllen steckte und in einem Schnellhefter nach Gebieten ordnete. Kuchen. Braten. Soßen. Nachspeisen. Diese Klarsichthüllen fand die Mutter sehr praktisch, sie schützen die schönen Fotos vor Fettflecken. Jetzt lag eine Seite mit herrlich bunten Salaten auf dem Küchentisch. Die Mutter verrührte in einer großen Glasschüssel Essig und Öl. Petra sah ihr zu, sagte leise: Mami.

Die Mutter gab keine Antwort. Sie rührte heftiger, schob Petra die Rezeptseite hin. Petra las: *Kalte Soßen zum Dippen und Stippen. Currysoße (links), Meerrettichsoße (rechts) und Vinaigrette (unten) gehören zu den Sommersalaten und sind bei Grillparties fast unentbehrlich.*

Petra konnte ihre Tränen nicht mehr zurückhalten.

Erschrocken hörte die Mutter auf zu rühren.

Kind, was ist denn? Warum weinst du?

Das kommt von den Zwiebeln.

Du hast ja ganz rote Flecken im Gesicht!

Ich bin gelaufen.

Petra putzte sich die Nase. Die Mutter machte ihr Sorgengesicht:

Du wirst mir doch nicht krank?

Nein.

Wirklich nicht?

Nein!

Dann sieh mal nach, wie weit dein Vater mit der Glut ist.

Die Mutter rührte weiter.

Wenn sich bloß das Wetter hält, sagte sie noch.

Das Wetter hielt sich, wenn es auch etwas kühler wurde, als an den vergangenen Wochenenden. Aber das hatte den Vorteil, daß die Mücken nicht so stachen. Obwohl dem Vater Nierchen an den Spießen fehlten, fing der Abend schön an. Die Mutter saß im Liegestuhl, sie hatte sich in der Küche schon zwei Martinis genehmigt, jetzt sollten die anderen mal machen. Jochen half dem Vater beim Grillen, er war nervös, das spürte Petra. Immer wieder sah er zu Sigrid hin, und sie gab ihm durch Blicke und verstohlene Gesten zu verstehen, er solle sie nur machen lassen. Zur

Feier des Tages wollte der Vater eine Flasche Schampus köpfen.
Da hielt Sigrid ihn zurück.
Warte mal, Papp. Wir haben eine Überraschung für euch.
Sie machte eine Pause und nahm Jochen bei der Hand.
Die Mutter sah mit großen Augen von Sigrid zu Jochen.
Sigrid setzte ihr bestes Strahlen auf, und Jochen zupfte an seinem Bart.
Es ist so, sagte er langsam und mit belegter Stimme. Sigrid und ich möchten heiraten.
In diesem Augenblick ging dem Vater der Sektkorken los. Es knallte, alle lachten und fielen sich in die Arme. Jochen zog Petra an sich, sein Bart kitzelte sie im Gesicht, er roch süßlich nach Tabak. Endlich hatten alle ein Glas in der Hand und konnten anstoßen.
Das muß gefeiert werden! rief der Vater. Auf das junge Paar! Er holte seine *Polaroid*, die mit der automatischen Bildeinstellung. Erst blitzte er das Brautpaar allein. Sigrid und Jochen mit dem Sektglas in der Hand. Sigrid und Jochen, die sich ein Küßchen geben. Sigrid auf Jochens Schoß.
Dann wollten auch die Brauteltern mit aufs Bild, und Petra mußte die Aufnahme machen. Voller Spannung sahen sie zu, wie die Fotos sich entwickelten.
Später fiel dem Vater ein, daß er noch eine Flasche *Heppenheimer Guldenzoll, Spätlese* liegen hatte.
Das ist ein Spitzenwein, Jochen, sage ich dir.
Man hatte sich auf Vornamen geeinigt. Rolf, Uschi, Jochen.
Die Mutter hatte einen kleinen Schwips, sie kicherte, als sie mit ihrer einzigen Bitte herauskam:
Kinder, macht uns bloß nicht so schnell zu Großeltern!
Der Vater legte den Arm um die Mutter, drückte ihr einen Kuß aufs Ohr.
So eine süße, kleine Oma!
Dann unterhielt er sich mit Jochen. Der erzählte von seiner Absicht, sich in nächster Zukunft selbständig zu machen. Die Patienten wollen nicht mehr einfach nur dritte Zähne, Rolf,

hörte Petra ihn reden, sie wollen einen individuellen Zahnersatz!
Zähne muß man haben, dachte sie. Milchzähne, Stiftzähne, Weisheitszähne, Giftzähne. Sie hielt ihre Hand über das Glas, als der Vater ihr Wein nachschenken wollte. Sigrid holte die Zeitschrift *Schöner Wohnen* und zeigte der Mutter das Foto von einer Frühstücksbar. Drehhocker fand die Mutter für eine kleine Küche wirklich originell und praktisch.
Es fiel niemandem auf, daß Petra kaum etwas sagte.

Irgendwo in einem der Nachbargärten war eine laute Party im Gange. Gelächter, Musik. *Griechischer Wein ist wie das Blut der Erde – komm – schenk dir ein – und wenn ich dann traurig werde – liegt es allein ...*
Ich höre auf im Büro, sagte Petra plötzlich in eine Gesprächspause hinein.
Was ist los? Die Mutter hatte nicht hingehört.
Ich kündige im Büro, wiederholte Petra.
Alle starrten sie an.
Denn ich fühl die Sehnsucht wieder – in dieser Stadt – werd ich immer nur ein Fremder sein – und allein ...
Petra wunderte sich, wie ruhig sie war.
Einen Ausbildungsvertrag hab ich, sagte sie. Ihr müßt nur unterschreiben. Sie blieb auch ruhig, als die Mutter ihren schrillen Ton bekam:
Wer nimmt dich denn noch mit einer abgebrochenen Lehre!
Mami, ich bleibe doch bei der *Hemag*, ich wechsele nur in der Firma.
Wo wir so glücklich waren, daß du eine anständige Lehrstelle hast.
Eine Leerstelle, dachte Petra.
Der Vater legte der Mutter die Hand auf die Schulter:
Uschi, jetzt reg dich nicht auf. Von Abbrechen der Lehre ist überhaupt nicht die Rede. Nun wollen wir mal diesen Abend genießen, sagte er und goß Wein nach.

Ich weiß nicht, warum ich gerade jetzt davon angefangen habe, dachte Petra. Wenn Sigrid bloß nicht ihren Mist dazu gibt, die guckt schon wieder so von oben herab, aber da kommt's schon:
Petra, du mußt das mal realistisch sehen. Die Firmen lachen sich doch tot, wenn du ankommst und sagst: Guten Tag, ich bin Maschinenschlosser und will hier eingestellt werden.
Was ist daran so komisch?
Du hast vielleicht Watte im Hirn! Weil da schon zehn Männer auf der Matte stehen, die auch Maschinenschlosser sind. Da stellen sie doch keine Frau ein!
Es ist gar nicht gesagt, daß da zehn Männer stehen, unterbrach Jochen. Wir haben jetzt schon Facharbeitermangel.
Sigrid stieß nur verächtlich die Luft aus und hielt ihr leeres Glas dem Vater hin. Blöde Kuh, dachte Petra. Hoffentlich hält sie endlich ihre Klappe. Aber Sigrid konnte es nicht lassen:
Für so einen Beruf braucht man körperliche Kraft. Du mit deinen Einsachtundfünfzig!
Das ist doch ein Vorteil, mischte Jochen sich wieder ein. Umständlich klopfte er seine Pfeife aus. Sigrid sah ihn etwas dümmlich an.
Es ist doch gut, daß Petra so klein ist, erklärte er. Dann kann sie in die Maschinen reinkriechen. Dahin, wo die Männer nicht rankommen. Was meint ihr, warum man Kinder in die Bergwerke geschickt hat!
Will der mich verarschen? Petra wurde aus Jochen nicht schlau. Sigrid hatte ihr Glas schon wieder leergetrunken, goß sich selbst Wein nach. Ehe sie wieder etwas sagen konnte, fing der Vater an:
Das muß man alles von zwei Seiten sehen, sagte er und setzte offensichtlich zu einer längeren Rede an. Vielleicht hilft Papp mir, dachte Petra. Bitte, Papp, hilf mir!
Sieh mal, Mäuschen, sagte er, es gibt nun mal biologische Unterschiede zwischen Mann und Frau.
O Gott, jetzt kommt er damit, dachte Petra, während der Vater

sich über den Körperbau der Frau ausließ und daß Frauen weniger heben könnten als Männer.
Na ja, Rolf, wagte Jochen, den Vater zu unterbrechen. Da hat sich durch die Technik doch einiges verändert.
Wenn ich etwas Schweres heben muß, sagte Petra, dann nehme ich mir einen Hubwagen!
Du bist viel zu zart für so etwas. Die Mutter hatte rote Flecken im Gesicht.
Jetzt halte du dich mal bitte einen Augenblick raus, Uschi, befahl der Vater.
Ich halte mich da überhaupt nicht raus! Ich bin schließlich ihre Mutter! Sieh dir doch an, wie sie immer rumläuft!
Jetzt geht das wieder los! dachte Petra, jetzt fängt sie wieder mit meinen Hosen an. Hoffentlich kann ich mich beherrschen!
Sigrid hatte schon lange etwas sagen wollen:
Was meinst du, was du für Hände kriegst als Maschinenschlosserin!
Da konnte Petra nicht mehr an sich halten:
Meine Hände sind mir scheißegal! Dreck stört mich nicht! Außerdem finde ich es viel ekelhafter, in den faulen Zähnen von irgendwelchen Leuten rumzubohren!
Nun hör aber auf! Sigrid war entrüstet.
Jetzt läuft wieder alles schief. Petra war unglücklich. Ich hatte gewußt, daß die anderen mich nicht verstehen wollen. Ich hasse sie alle! Sie versuchte, sich zu beruhigen.
Letzten Endes mußt du selbst wissen, was du aus deinem Leben machst, sagte der Vater. Er wollte den Arm um sie legen, aber Petra schob ihn weg.
Wir als deine Eltern, fuhr er fort, wir haben nur in manchen Dingen etwas mehr Erfahrung.
Maschinenschlosser! So eine Schnapsidee! rief die Mutter dazwischen, und Petra verlor den letzten Rest ihrer Beherrschung. Bloß weil du diesen Beruf nicht auf deiner Rille hast, schrie sie, soll ich ihn nicht lernen!
Petra! Ich verbitte mir diesen Ton deiner Mutter gegenüber!

Jetzt ist Papp auch noch wütend, dachte Petra verzweifelt. Entschuldigung, nuschelte sie und zog die Unterlippe zwischen die Zähne. Sie fühlte, wie Jochen sie beobachtete, spürte die argwöhnischen Blicke von Sigrid, die sich schon wieder Wein nachgoß. Gleich hat Sigrid einen sitzen, und dann weiß sie nicht mehr, was sie sagt. Ich hätte heute abend nicht davon anfangen dürfen. Ich habe gewußt, daß es Krach gibt.
Eine Weile schwiegen sie. Der Vater machte noch eine Flasche auf. Es schmatzte, wenn Jochen an seiner Pfeife zog.
Ich bewundere Frauen, die mal etwas Besonderes machen, sagte er plötzlich. Was machen denn die meisten Frauen? Denen fällt doch nichts anderes ein, als Sekretärin zu werden oder Friseuse. Vielleicht noch Arzthelferin oder so was.
Sigrid schien nicht recht gehört zu haben.
Findest du etwa nicht gut, was ich mache?! schrillte sie.
Das hat doch mit dir nichts zu tun, Liebes, sagte Jochen. Ich meine das im ganzen gesehen.
Aber ich mache nichts Besonderes! Das hast du eben gesagt! Ich bin nur Zahnarzthelferin. Maschinenschlosserin wäre dir wohl lieber!
Jochen wußte nicht, was los war.
Warum bist du denn auf einmal so gereizt? fragte er. Sigrid schnaubte nur wütend. Hilflos sah Jochen den Vater an, der zuckte mit den Schultern. Sigrid macht wieder Theater, dachte Petra. Sigrid muß immer Theater machen.
Ein dicker Nachtfalter flog gegen die Lampe, stieß gegen das heiße Glas, es gab einen klatschenden Ton, als er auf die Steinfliesen fiel. Sigrid griff wieder nach der Flasche, aber Jochen nahm sie ihr aus der Hand.
Komm, Schätzchen, du hast ein bißchen zuviel getrunken.
Ich laß mich von dir nicht beschimpfen! schrie Sigrid und lief ins Haus. Sie schwankte leicht. Jochen wollte hinter ihr hergehen, aber der Vater hielt ihn zurück:
Laß sie einen Augenblick, die beruhigt sich schon.
Er fing an, die Asche im Grill zusammenzufegen.

Du mußt immer alles kaputtmachen, sagte die Mutter zu Petra.
Petra stand auf.
Wenn ihr den Ausbildungsvertrag nicht unterschreibt, sagte sie, dann kann ich nichts machen. Dann verliere ich anderthalb Jahre. Wenn ich achtzehn bin, kann ich selbst unterschreiben.
Sie wartete auf eine Antwort.
Die Mutter kratzte sich mit dem rechten Daumen am Handgelenk. Jochen saß ungemütlich auf seinem Stuhl. Der Vater schüttete die kalte Asche vorsichtig in eine Plastiktüte.
Gute Nacht dann, sagte Petra.
Sie hörte noch, wie die Mutter zum Vater sagte:
Da siehst du mal, welche Schwierigkeiten ich mit Petra habe.
Das sagt sie immer, dachte Petra. Ich mache ihnen Schwierigkeiten. Ich habe auch meine Schwierigkeiten.

42 Am nächsten Morgen fühlte Petra sich niedergeschlagen. Lustlos schrieb sie für die Müschler zwei Briefe ab. Sie vermied es, Marianne anzusehen. Gott sei Dank wurde sie bald in den Fernschreiber geschickt. Sie sah zu, wie die Worte aus der Maschine tickerten. Bei dem Lärm brauchte sie mit niemandem zu reden.
In der Mittagspause auf dem Werkhof sah sie Herrn Weber in Richtung Kantine gehen. Sie blieb stehen, wartete, bis er verschwunden war, überlegte, was sie machen sollte. Sie ging zurück ins Büro. Im Garderobenschrank fand sie eine alte *Für Sie* und eine *Freundin*. Sie setzte sich an ihren Schreibtisch und blätterte in den Zeitschriften.
Am Abend hörte sie sich die Vorwürfe der Mutter an. Gestern wäre es Sigrids Abend gewesen. Sigrids Feier. Aber so etwas wäre Petra ja egal.
Es tut mir leid, sagte Petra.
Du mußt noch viel lernen, sagte der Vater.
Das weiß ich, dachte Petra. Ich will es ja auch.

Vor allem mußt du lernen, eine Sache durchzuhalten. Bring deine Ausbildung als Bürokauffrau zu Ende, dann können wir weitersehen. Außerdem bist du es selbst gewesen, die ins Büro wollte.
Ja, weil ich nicht wußte, was ich wollte, versuchte Petra zu erklären. Es hat mir ja auch keiner geholfen.
Jetzt hör aber auf! empörte sich die Mutter. Wer ist denn mit dir zum Arbeitsamt gegangen?!
Petra wäre am liebsten aus dem Zimmer gerannt. Aber sie wußte: Ich muß durchhalten. Ich muß den Krach durchstehen.
Sie bemühte sich, ruhig zu bleiben, Argumente zu finden. Aber die Eltern beharrten auf ihrem Standpunkt.

43 Donnerstag war Oma Zwirner gekommen, um im Garten zu helfen. Sie hörte sich das ganze Theater um Petra an. Dann sagte sie nur zur Mutter: Ich weiß nicht, worüber ihr euch so aufregt? Warum sollen Frauen nicht Maschinenschlosser sein? Was war denn im Krieg? In der Rüstung haben die Frauen gearbeitet. Schwere Handarbeit! Falls du weißt, was das ist. Oder ich! Ich hab Straßenbahnen gefahren. Als ich das deinem Vater ins Feld geschrieben habe, da hat er zurückgeschrieben: Lottchen, du bist doch viel zu zart für so was! Wie hälst du das bloß durch, mein Mäuschen! Na, das Mäuschen hat noch ganz andere Sachen durchgehalten. Trümmer hab ich geräumt. Immer rauf auf die Ruinen mit der leeren Schubkarre und wieder runter mit der vollen! Und das alles mit dir im Bauch. Jawohl!
Das waren doch Ausnahmezeiten, behauptete die Mutter.
Nicht die schlechtesten Zeiten, knurrte Oma Zwirner. Sie stand unter dem Birnbaum und paßte auf, daß Petra, die oben in den Ästen saß, auch alle Birnen abpflückte. An einer langen Schnur ließ Petra den Eimer mit den Birnen hinunter, und Oma Zwirner legte sie unten vorsichtig in einen großen Korb.
Hast du heute frei? rief sie zu Petra hinauf.

Nein, ich hatte Berufsschule.
Fang bloß nicht an mit Krankfeiern.
Nee, mach ich nicht.
Viermal füllten sie an diesem Nachmittag den großen Korb. Petra war vom Baum heruntergestiegen und sammelte die Birnen auf, die abgefallen waren.
Was hast du eigentlich gemacht, als Opa wieder aus der Kriegsgefangenschaft zurückgekommen ist? wollte sie von Oma Zwirner wissen.
Was soll ich gemacht haben? Ich hab mich gefreut!
Nein, ich meine, hast du irgend etwas gearbeitet?
Arbeit hatte ich immer. Und wenn ich keine hatte, dann hab ich mir welche gemacht. Hol mir mal den Eimer da, ich muß mich setzen.
Petra holte den Eimer, drehte ihn um, und Oma Zwirner setzte sich umständlich hin. Sie stöhnte.
Wieder die Krampfadern? fragte Petra.
Nein, zur Abwechslung mal der Rücken. Petra, ich weiß, was du wissen willst. Sieh mal, wir waren zu Hause sechs Kinder. Vier Jungen und zwei Mädchen. Die Jungen mußten einen Beruf lernen, das war klar. Wir Mädchen? Wir mußten der Mutter im Haushalt helfen. Beide haben wir früh geheiratet. So war das eben. Damals. Und später? Da hatte ich die drei Kinder. Bei uns war immer was los. Und dann der Krieg. Aber wenn ich heute so denke, ein Beruf, das wäre doch mein Wunsch gewesen. So im Nachhinein.
Aber warum hat Mami denn auch keinen Beruf erlernt?
Dein Opa fand das für Mädchen nicht so wichtig.
Aber du?
Kind, du kannst einem wirklich Löcher in den Bauch fragen. Oma Zwirner stand auf. Sieh mal da oben im Baum! Da hängt noch eine Birne. Holst du sie?
Petra kletterte den Baum hoch. Die Birne war groß und dick und gar nicht so schwer zu erreichen. Ich hätte die übersehen, dachte Petra. Wäre schade gewesen.

Nach dem Abendessen brachte sie Oma Zwirner zum Bus. Sie gingen langsam, Petra hatte die Großmutter untergehakt. Einige Male mußte Oma Zwirner stehen bleiben. Die Schmerzen im Rücken machten ihr zu schaffen.
Geht's? fragte Petra.
Es geht immer, sagte Oma Zwirner. Mach dir um mich keine Sorgen. Und du – denk daran, daß du das machst, was du willst.
Als der Bus hielt, sagte Oma Zwirner noch:
Ich muß mir wohl einen Hexenschuß geholt haben.

44 Freitagabend fand sich keine Gelegenheit, mit dem Vater zu reden. Die Eltern waren ins Kino gegangen. Im *Bambi* lief *Vom Winde verweht*. Die Mutter hatte diesen Film unbedingt noch einmal sehen wollen.
Petra ging früh schlafen.

45 Samstag. Es regnete den ganzen Vormittag. Nach dem Mittagessen fuhr der Vater mit Jochen ins *Frankfurter Waldstadion*. Die *Eintracht* spielte gegen *F.C.Kaiserslautern*. Sigrid und die Mutter sahen sich im Fernsehen die Sendung *Zum blauen Bock* an. Im Haus roch es nach Essen. Petra wollte niemanden sehen, sie zog sich auf ihr Zimmer zurück. Sie legte eine Platte auf: *There's a lady who's sure all that glitters is gold and she's buying her stairway to heaven.* Auf ihrem Schreibtisch entdeckte Petra unter einigen Büchern aus der Berufsschule das Buch, das Robert ihr geliehen hatte. Ach Gott, das habe ich ganz vergessen. Sie setzte sich aufs Bett und schlug das Buch auf. *Momo. Die seltsame Geschichte von den Zeit-Dieben und von dem Kind, das den Menschen die gestohlene Zeit wieder zurückbrachte. Ein Märchen-Roman.* Komisch, Ro-

bert und Märchen. Sie fing an zu lesen, las den ganzen Nachmittag. So lange hatte sie noch nie gelesen.

46 Am nächsten Morgen ging Petra früh hinunter in die Küche. Der Vater saß schon da. Allein.
Na, ausgeschlafen? fragte er und pfiff vor sich hin. Ich mache mir Spiegeleier. Willst du auch welche?
Ja, bitte, sagte Petra und setzte sich an den Küchentisch.
Der Vater schlug vier Eier in die Pfanne. Er hatte sich ein Handtuch um den Bauch gebunden. Das Fett, das über den Pfannenrand spritzte, wischte er sorgfältig mit Haushaltspapier ab.
Wo ist Mami? wollte Petra wissen.
Kopfschmerzen. Sie bleibt heute mal liegen.
Und Sigrid?
Die schlafen noch.
Wieso *schlafen*?
Jochen ist hiergeblieben. Ich hab gestern noch lange mit ihm geredet.
Petra sah den Vater erstaunt an.
Ich denke, Mami hat etwas dagegen, daß ... daß hier einer schläft.
Jetzt sind die beiden ja verlobt.
Ach, und dann ist das mit einem Mal erlaubt, wollte Petra sagen, ihr seid richtige Spießer. Aber sie konnte es für sich behalten.
Sind sie gut so? Der Vater ließ mit einem Schwung die Spiegeleier auf ihren Teller gleiten.
Danke ja. Die sind gut so. Prima. Sie sagte sich: Papp muß unterschreiben. Aber wie fange ich es an?

Ob sie nicht mal wieder Lust auf eine Partie Minigolf habe, fragte der Vater plötzlich nach dem Frühstück. Das hatte er lange nicht mehr getan. Dabei hatten sie früher viele Sonntagvormittage auf dem Minigolfplatz verbracht. Nur sie und Papp. Sigrid

fehlte meistens die Lust, und die Mutter hatte zu kochen oder zu bügeln.
Wollen doch mal sehen, ob wir das noch können, sagte der Vater und pfiff schon wieder vergnügt vor sich hin. Warum hat er heute so gute Laune? fragte sich Petra und betrachtete den Vater. Er trug Jeans, seine Sonntagshosen, wie er sie nannte, und dazu das gelbe T-Shirt, das er sich im letzten Sommer auf Teneriffa gekauft hatte. *Teneriffa* stand in dicken, blauen Buchstaben vorn und hinten auf dem T-Shirt, das über dem Bauch etwas spannte. Papp wird fett, dachte Petra. Und auf dem Hinterkopf gehen ihm die Haare aus.

Auf dem Minigolfplatz war nicht viel los, sie bekamen gleich Schläger. Sie trafen den kleinen Ball zuerst nicht so gut wie früher, aber nach einer Weile hatten sie den richtigen Schwung wieder heraus, und es machte ihnen Spaß. Nach zwei Spielen gingen sie zum Kiosk. Petra wollte eine Cola, der Vater kaufte sich ein Dosenbier. Sie setzten sich auf den Rasen. Mit einem Mal fing der Vater an zu erzählen, wie er als junger Mann den Wunsch gehabt hatte, Fotograf zu werden.
Als Kind schon habe ich fotografiert, sagte er. Eine *Box* hatte ich damals, ein ganz primitives Ding. Aber die machte gar nicht so schlechte Fotos.
Er nahm ein Stöckchen auf, bohrte damit im Boden.
Ich jedenfalls fand sie schön. Er lachte ein bißchen verlegen.
Das hat Papp immer für sich behalten, dachte Petra. Ich möchte mal wissen, warum. Aber sie fragte ihn nicht. Sie wollte ihm zuhören.
Mein ganzes Taschengeld hab ich für Filme ausgegeben, erzählte er weiter, und für meine Super-Dunkelkammer. Fotobücher hab ich mir gekauft und Experimente gemacht. Doppelbelichtungen, Unter- und Überbelichtungen. Ach ja. Fotograf, das war damals mein Traum.
Ich glaube, meiner Mutter ist ein Stein vom Herzen gefallen, als ich bei der Post unterkam. Meine Eltern wollten was Sicheres

für mich. Fotografieren, das war für sie kein Beruf. Fotografieren kannst du nebenbei, haben sie gesagt.

Ich finde, du machst sehr gute Fotos, Papp.

Ja, ja, Fotografieren ist mein Hobby. Aber irgendwie ist das nicht dasselbe, sagte der Vater und stand auf.

Sie machten noch zwei Spiele, dann hatten sie keine Lust mehr.

Im Auto sagte Petra zum Vater:

Es war schön auf dem Minigolfplatz.

Fand ich auch.

Am Abend unterschrieb der Vater den Ausbildungsvertrag, ohne daß noch einmal darüber gesprochen wurde.

Die Mutter war den ganzen Tag über im Bett geblieben.

Sie durfte nicht gestört werden.

47 Zum ersten Mal trug Petra den blauen Arbeitsanzug mit den fünf gelben Buchstaben auf dem Rücken: HEMAG. Es war ihr peinlich, daß Ausbilder Hugo Goebel sie bei der Begrüßung auf dem Werkhof als einzige namentlich ansprach. Er hoffe, so drückte er sich aus, sie möge sich unter den vielen Jungen zurechtfinden. Er persönlich habe absolut nichts gegen Mädchen in Männerberufen.

Allmählich konnte Petra das nicht mehr hören. *Persönlich* hat keiner etwas dagegen. Aber unpersönlich oder im *allgemeinen*! Goebel war dann noch des Lobes voll über die technischen Zeichnerinnen, die gerade in der Lehrwerkstatt einige Monate ihrer Ausbildung verbracht hatten: Die Mädels haben bisher bei uns immer recht gut ihren Mann gestanden. Und, meine Herren, wenn uns für die nächsten Monate wieder einige technische Zeichnerinnen besuchen: ein bißchen Kavalier den Damen gegenüber, wenn ich bitten darf!

Es kommen also noch andere Mädchen, dachte Petra. Das ist gut, dann bin ich nicht allein. Sie sah sich die Jungen von der

Seite an. Sie war die Kleinste. Natürlich. Damit hatte sie gerechnet. Erstaunt war sie, daß die meisten der Jungen auch nicht so groß waren. Einer allerdings überragte alle um Haupteslänge. Wie bitte? War das nicht Belle? Ausgerechnet den mußte sie hier wiedertreffen! Peter Bellmann, den größten Schläger aus der Klasse. Was machst du denn hier? fragte er sie verdutzt.

Vielleicht dasselbe wie du.

Wie ich?

Ja, Maschinenschlosser, hatte sie nur kurz geantwortet und sich über sein dämliches Gesicht amüsiert. Dann marschierten alle in die Werkstatt. Belle wich nicht von Petras Seite. In der Schule hat er mich immer «blöde Kuh» genannt, erinnerte sie sich, aber jetzt ist er froh, daß er hier jemand kennt.

Hugo Goebel und Erich Sigusch, ebenfalls Ausbilder, musterten den Haufen, der da in den Gängen zwischen den Werkbänken vor ihnen stand. Siebzehn Jungen und ein Mädchen, Auszubildende in den Berufen Maschinenschlosser, Elektriker, Dreher, Fräser, Modelltischler und Modellschlosser. Petra hatte sich in die hinterste Reihe verzogen.

Die Werkbank ist also ab heute euer Arbeitsplatz, stellte Goebel fest. Und damit eines von vorneherein klar ist: Unordnung und Durcheinander am Arbeitsplatz, das gibt es bei mir nicht! Goebel machte eine Pause, sah sie der Reihe nach an.

Keiner sagte etwas.

Keiner schien etwas anderes erwartet zu haben.

Er trat an eine Werkbank: Und jetzt zum Werkzeug. So und nicht anders hat es auf der Werkbank zu liegen. Hier rechts neben dem Schraubstock: die Filzplatte. Auf der Filzplatte: Schiebelehre, Anschlagwinkel, Reißnadel, Körner, Bandmaß.

Ob er sich verständlich gemacht habe?

Keiner machte den Mund auf.

Dann erfuhren sie, daß in einer Lehrwerkstatt Werkbänke unterschiedlich hoch sind. Warum? Der Ellenbogen muß fünf bis acht cm über dem Schraubstock sein: Die richtige Schraubstockhöhe, Herrschaften, die ist das A und O beim Feilen! rief Goebel. Deshalb werden die Werkbänke jetzt nach der Körpergröße verteilt. Auf geht's!

Unruhe entstand in der Gruppe, ein Junge mit ziemlich dickem Hintern drängte sich nach vorne, aber Goebel winkte Petra zu sich und bestimmte:

Angefangen wird mit unserem kleinsten Blaumann.

Blaumann? Blaufrau! entfuhr es Petra.

Jetzt war es Goebel, der nichts sagte. Für einen Moment, so schien es, war der Ausbilder aus dem Konzept geraten. Petra bekam einen Schreck. Dann schmunzelte Goebel.

Auf den Mund gefallen ist sie ja nicht, unsere Blaufrau, meinte er und tippte Petra leicht auf die Schulter. Sie sah, daß einige Jungen grinsten. Ein Lachen war zu hören, verschlucktes Gekicher. Belle tuschelte mit seinem Nachbarn.

Während der Arbeitszeit wird nicht gequasselt! schnauzte Goebel los, und sofort hielten alle wieder den Mund. Aber die Stimmung war nicht mehr so angespannt wie vorher.

Immer noch stand Petra vor Goebel. Eingehend betrachtete er sie, schüttelte etwas verwundert den Kopf, sagte noch einmal: Unsere Blaufrau. So etwas! Und wies ihr die Werkbank ganz links in der ersten Reihe zu: Platz A, direkt an der Wand.

Das also, dachte Petra, ist jetzt mein Arbeitsplatz.

Meine Werkbank.

Sie legte die Hand auf den Schraubstock. Das Metall fühlte sich angenehm kühl an.

48 Ein paar Tage später. Goebel inspizierte seine «Truppe»:

Der Handbesen wird immer rechts vom Schraubstock abgelegt! Schiebelehre und Winkel kommen auf das Filzläppchen! Warum wohl? Dreimal darfst du raten! Damit sie nicht verkratzen! Was meint ihr eigentlich, was eure Ausbildungsplätze die Firma kosten?! Wie oft soll ich das noch sagen: die Feile nicht am Griff anfassen und einstauchen! Du willst dir die Hand verletzen? Nur zu. Die Schraubstockbacken müssen zum Einspannen des Werkstücks sauber sein! Hab ich das hier mit Idioten zu tun? Ich geb's auf!

Er faßte sich an den Kopf. So viel Ungeschick war ihm in all den Jahren, in denen er die Lehrwerkstatt leitete, noch nie untergekommen, sagte er. Sie sollten dankbar sein, daß er so eine Engelsgeduld für sie aufbrächte. Jedem anderen wäre schon längst der Kragen geplatzt. Zum Beispiel bei diesem Weihnachtsmann mit dem schönen Namen Vilsmeier!

Der hatte seine Werkbank neben Petra. Erwin Vilsmeier, nicht viel größer als sie, nur magerer. Erwin Vilsmeier, der ein Pechvogel war. Von Anfang an. Immer dann, wenn Goebel in der Nähe war, passierte es Erwin, daß er ein Werkzeug fallen ließ, etwas umstieß oder herunterriß. Er hat zwei linke Hände, dachte Petra.

Schweißhände hat er, behauptete Belle, der in der zweiten Reihe, mit dem Rücken zu Petra, feilte. Belle war es auch, der den Namen Vilsmeier schon in der ersten Woche in Filzlaus umwandelte. Ein Name, der schnell die Runde machte.

Zu alledem schwieg Erwin. Er sprach überhaupt selten. Gut, Privatunterhaltungen während der Arbeitszeit waren nicht erlaubt, das wußten sie alle, aber an diese Vorschrift hielt sich kaum einer. Drehten Sigusch und Goebel ihnen den Rücken zu, schwatzten sie munter drauf los. Von Werkbank zu Werkbank. Allein Erwin blieb stumm. Nur einmal meinte er zu Petra:

Du hast es gut, du kannst dich anlehnen. Du stehst an der Wand.

Das ausgerechnet mußte Ausbilder Sigusch hören. Im Gegensatz zu Goebel, der mit Vorliebe laut lospolterte, sprach Sigusch betont leise. Wenn du nicht mehr stehen kannst, Vilsmeier, zischte er Erwin zu, dann kneif die Arschbacken zusammen. Die haben das gern! Petra sah, wie Erwin mit den Tränen kämpfte. Sie war erleichtert, als Sigusch weiterging.

Alle hatten sie Probleme mit dem langen Stehen. Auch Petra. In den ersten Wochen sah sie häufig auf die Uhr und dachte: Die kann doch nicht richtig gehen! Es muß viel später sein! Heute war es besonders schlimm. Noch zwei Stunden bis zur Mittagspause. Das halte ich nicht aus! Ich falle um!
Manchmal meldete sie sich zur Toilette ab, nur um sich für einen Augenblick setzen zu können.
Mit der Zeit gewöhnten sich die Beine an das Stehen. Und die Füße gewöhnten sich an die klobigen Sicherheitsschuhe. Dafür taten Arme und Handgelenke weh. Sieben Millimeter Stahl mußten von der Grundplatte heruntergeschruppt werden! Mit der schweren Schrupp-Feile.
Hin, her. Hin, her.
Vorwärts Druck, zurück kein Druck.
Zügige Bewegungen unter Einsatz des Körpergewichtes.
Nicht so verkrampft, Vilsmeier!
Goebel zeigte ihm ein allerletztes Mal, wie es ging. Linkes Knie durchgedrückt, rechtes Knie schwingt mit.
Der Daumen liegt oben, der Handballen fest gegen das Feilenheft gedrückt.
Die Feile ist schwer. Das muß sie sein.

49 In der Kantine.

Ungeschickt säbelte Belle an dem Schweinskotelett herum.
Bist du Linkshänder? fragte Petra erstaunt.
Nee.
Petra nahm Belles rechte Hand, öffnete die Faust. An der Innenseite war die Hand wund und blutig.
Ich hatte da 'ne Blase, erklärte Belle.
Aber mit der Hand kannst du doch nicht ...
Das ist ja wohl meine Sache.
Petra aß weiter. Soll er doch den starken Mann markieren.

50 Hin, her. Hin, her. Schnittbewegung und Schnittdruck lassen die Zähne der Feile tief in den Werkstoff eindringen.
Messerfeile, Schwertfeile, Vogelzungenfeile.

51 Wie ist es denn so? Unter all den Männern? Schaffst du es denn körperlich? Ist es nicht doch zu schwer?
Nach zwei Wochen hörte die Fragerei auf. Die Mutter machte auch nicht mehr ihr besorgtes Gesicht, wenn Petra nach Hause kam. Petra erzählte nicht, wie anstrengend das Feilen war. Aber auch niemand zu Hause erfuhr, wie sehr Petra sich gefreut hatte, als Goebel den Anschlagwinkel an ihre Grundplatte anlegte und zugeben mußte: Im Winkel und plan. Gut gemacht, Blaufrau. Erstaunlich, aber gut.
An einem Abend erwähnte Petra nur kurz, daß sie jetzt schlichten dürfe.
Wieso mußt du etwas schlichten? fragte die Mutter. Habt ihr Streit?
Nein. Ich mach das Werkstück fertig. Mit der feinen Feile. Eben schlichten.
Ach so, sagte die Mutter, und dann konnte sie sich eine Bemerkung nicht verkneifen: Hoffentlich hältst du das durch.
Petra gab keine Antwort.

52 Petra fühlte sich wohl unter den Blaumännern. Zuerst hatte es sie gestört, daß einige der Jungen dauernd ankamen, um zu kontrollieren, wie weit sie mit ihrem Werkstück war. Aber nach und nach hörten die Besuche an ihrer Werkbank auf. Es gab da wohl doch nicht soviel zu gucken. Petra selbst war es inzwischen gleichgültig geworden, ob sie glotzten oder nicht. Auch Goebel gab es auf, ihr alles doppelt und dreifach zu

erklären. Er hatte gesehen, daß sie ganz gut kapierte, zumindest nicht langsamer als die Jungen. In der Pause stand sie meistens mit dem dicken Harald Flindt zusammen und mit dem schönen Jürgen Possmann. In der Kantine saß sie mit den beiden an einem Tisch.

Der dicke Harald liebte Pudding und Quarkspeise, wie heute aß er oft auch noch Petras Nachtisch. Sie machte sich nicht viel aus süßen Sachen.

Du hast schon einen Hintern wie ein altes Weib, sagte sie zu ihm. Friß nicht so viel.

Aber Harald lachte nur und bot ihr ein Stückchen Schokolade an. Davon hatte er immer einen kleinen Vorrat in den Taschen seines Overalls.

Jürgen war Petra gleich am ersten Tag aufgefallen. Seine blonden, gelockten Haare hatte er sich bis auf die Schultern wachsen lassen. So schöne Haare hätte Petra auch gern gehabt. Goebel aber war Jürgens Lockenpracht ein ständiger Dorn im Auge.

Furchtbar, diese Dauerwelle, Possmann.

Alles Natur, Herr Goebel.

Mißbilligend schüttelte Goebel den Kopf.

Wenn du mit dem Mop in die Maschine kommst, Possmann, dann ist der Skalp ab.

Ich setz doch die Mütze auf, Herr Goebel. Wie Sie gesagt haben.

Ja, ja. Aber wenn du mich fragst, Possmann, du siehst aus wie ein Mädchen.

Das fand Petra nun überhaupt nicht. Und wenn?

53 Jeden Mittwoch Berufsschule. Unterrichtsbeginn 8 Uhr.

Das erste Mal ging Petra mit Belle hin. Sie setzten sich ganz hinten an den letzten Tisch. Belle meinte: Bloß nicht vorne sitzen! Vorne fummeln dir die Lehrer dauernd vor der Nase herum. Das

macht einen ganz nervös. Außerdem hab ich nicht gerne einen im Rücken.
Den Klassenlehrer, Herrn Rubisch, hatte man wohl vorher informiert, daß mit den neuen Maschinenschlossern ein Mädchen zu ihm käme. Jedenfalls erwähnte er am Anfang der ersten Stunde so etwas. Aber damit war das Thema für Rubisch dann auch erledigt.
Los ging es erst in der Pause. Ein paar Jungen drängten sich um Petra. Willst du wirklich Maschinenschlosser werden?
Maschinenschlosserin! verbesserte Petra.
Einige lachten.
Na, die hat ja Mut.
Ist wohl jetzt der neueste Hit, daß Frauen den Männern die Arbeitsplätze wegnehmen, grölte einer.
Da ging Jürgen hoch.
Du glaubst wohl, du hast alle Arbeitsplätze gepachtet, bloß weil du einen Sack hast!
Ha, ha, ha!
Ich will ja auch nicht Hebamme werden!
Das war Belle. Die meisten grinsten.
Warum soll ein Mann nicht Hebamme werden? fragte Harald.
Dummes Gelächter.
Was ist daran eigentlich so komisch, sagte Petra. Männer werden doch auch Frauenärzte.
Sie war froh, als die nächste Stunde anfing.

Von Anfang an gab Petra sich Mühe in der Berufsschule. In Fachrechnen konnte ihr bald keiner etwas vormachen, sie schrieb eine gute Note nach der anderen. Rubisch sagte nie etwas dazu, aber sie spürte lange sein Erstaunen. Auch Harald hatte es bemerkt. Ein Mädchen und in Fachrechnen 'ne Eins! Das ist für Rubisch der Schock seines Lebens! lachte Harald. Für den bricht eine Welt zusammen. Nach dreißig Berufsschuljahren!
Harald Flindt saß eine Reihe vor Petra. Schon bei der ersten Übungsarbeit bemerkte sie, daß er überhaupt nicht durchblick-

te. Er schwitzte und stöhnte und sah sich verzweifelt im Raum um, als ob da von irgendwoher Rettung kommen könnte. Petra gab als eine unter den ersten ihre Arbeit ab. Als sie an ihren Platz zurückging, griff sie sich unauffällig Haralds Arbeitsbogen. So schnell es ging, trug sie aus der Erinnerung die Ergebnisse ein.
Rubisch fiel nichts auf. Nicht ein einziges Mal in den nächsten Berufsschuljahren entdeckte er, daß die Schrift in Haralds Fachrechenarbeiten Petras Schrift war.

54 Petras Freundschaft mit Conny war völlig eingeschlafen. Manchmal traf sie die frühere Freundin zufällig auf dem Werkhof.
Na, wie geht's?
Danke. Und dir?
Auch gut.
Das war alles. Mehr hatten sie sich nicht zu sagen.
Einmal sprach Conny sie an: Weißt du, daß sie dich Blaufrau nennen?
Pause.
Sie machen sich lustig über dich.
Pause.
Dann fing Conny wieder an.
Maschinenschlosser! Für mich wäre das nichts.
Verlangt ja auch keiner von dir, sagte Petra kühl. Aber wenn ich ans Büro denke, wird mir ganz schlecht. Mensch, daß ich da raus bin!

55 Petra war nicht mehr das einzige Mädchen unter 17 Jungen in der Lehrwerkstatt. Seit einer Woche standen Christine und Rita an ihren Werkbänken und feilten. Über Chri-

stine schien damit alles Unglück dieser Welt hereingebrochen zu sein. Wenn ich gewußt hätte, daß man als technische Zeichnerin so was machen muß, jammerte sie. Die Feile war ihr zu schwer, die Arbeitsschuhe zu klobig, der Overall kratzte, und die lackierten Nägel brachen ihr einer nach dem anderen ab. Wie kann man sich bloß so anstellen, dachte Petra. Da gefiel ihr Rita viel besser. Rita war einen Kopf größer als sie, hatte ein breites Kreuz, das kam vom Schwimmen, wie sie erzählte. Eine Jugendmeisterschaft im Kraulen hatte Rita schon gewonnen, dreimal in der Woche trainierte sie hart. Das Schruppen mit der großen Feile hatte sie sofort heraus. Sogar Belle mußte zugeben, daß Rita ranklotzen konnte. Auch Goebel war beeindruckt, das sah Petra, obwohl er sich ein Lob verkniff.
Wieso machst du eigentlich hier immer das Waschbecken sauber? wollte Rita am zweiten Tag von Petra wissen.
Petra schüttete grade Scheuersand in das Waschbecken, das in einer Ecke der Lehrwerkstatt angebracht war. Im Ausguß schwammen in bräunlich-schmieriger Soße kleine Metallstückchen. Jürgen hatte eine Ölkanne ausgewaschen.
Ihr Männer könnt euren Dreck gerne selbst wegmachen! rief Rita. Sie nahm Petra den Wischlappen aus der Hand und warf ihn Jürgen zu. Der schöne Jürgen ließ das seifige, graue Ding angeekelt fallen.
Dann nicht, sagte Rita und ging an ihre Werkbank zurück. Dann bleibt die Sauerei eben.
Etwas unsicher ging auch Petra an ihre Werkbank zurück. Der Wischlappen lag mitten im Gang. Goebel trat darauf. Natürlich.
Was liegt denn hier wieder rum? schimpfte er.
Da hat Jürgen was verloren! rief Rita.
Ich?! Du hast das Ding da hingeschmissen! Jürgens Stimme überschlug sich.
Goebel sammelte Kraft zu einem Anschiß; da hob Harald mit spitzen Fingern den Wischlappen auf und verkündete: Wer sich die Hände gewaschen hat, macht auch das Becken sauber.

Und wer jetzt nicht seine Arbeit macht, kriegt es mit mir zu tun! schnauzte Goebel.
Mich hat der Dreck am Waschbecken gestört, dachte Petra. Ich hab es automatisch saubergemacht. Sie hörte sich plötzlich sagen: Da ist noch was.
Was denn nun noch?! Goebel schnaubte.
Wie soll das mit dem Kabuff weitergehen? fragte Petra.
Goebel verstand nicht gleich, der Ärger mit dem Lappen stand ihm noch im Gesicht.
Kabuff wurde der kleine, abgetrennte Raum am Ende der Lehrwerkstatt genannt, in dem Goebels und Siguschs Schreibtische standen. Es war ihr Büro.
Die anderen starrten Petra an. Sie spürte einen Widerstand.
Na ja, fing sie zögernd an. Sie ärgerte sich, daß sie rot wurde. Ich meine, sagte sie, das Büro soll doch jeden Freitag geputzt werden. Mit Einbohnern und Staubwischen und allem.
Keiner sagte etwas.
Bisher hab ich das ja gemacht, fuhr Petra fort. Aber die anderen Dienste, die gehen reihum. Der Kehrdienst. Und auch der Schrankdienst. Das muß jeder mal machen.
Ja, ja, richtig. Die Büroreinigung kann auch mal jemand anders machen, sagte Goebel und sah zu Rita hin.
Gucken Sie etwa mich an? schoß Rita gleich los. Sehe ich vielleicht so aus, als hätte ich 'ne besondere Begabung fürs Putzen?
Begabt für ein freches Maul, das bist du! An Goebels Hals erschien ein violetter Streifen.
Sigusch kam näher. Da hob Erwin die Hand. Leicht stotternd brachte er heraus: Ich ... ich melde mich ... freiwillig. Für die nächste Woche.
Hach, so ein Schleimer!
Das war Belle. Nicht zu überhören.
Belle konnte es nicht lassen, er nützte jede Gelegenheit, Erwin zu attackieren.
Na prima, fauchte Rita. Endlich will hier ein männliches Wesen auch mal was machen! Ihr anderen Säcke platzt ja bald vor Faulheit!

Jetzt zügele dich mal! rief Goebel und beendete die Diskussion. Schluß, aus. Sie sollten sich in der Pause einigen und jetzt weiterarbeiten.
Ich hab mich sowieso schon gewundert, daß du jeden Freitag saubergemacht hast. Aber wenn ihr das Spaß macht, hab ich gedacht, dann soll sie doch, sagte Harald und grinste Petra an.
Zweimal hintereinander putzte Erwin das Kabuff. Dann sorgten Rita und Petra dafür, daß eine Putzliste aufgestellt wurde, in die sich auch die anderen eintragen mußten. Mit der Zeit gab es in dieser Sache keine Schwierigkeiten mehr.

Nur bei Erwin klappte nichts. Es machte Petra manchmal ganz kribbelig, wenn er sich so ungeschickt anstellte. Am liebsten hätte sie ihm schnell geholfen. Aber das war nicht drin, sie mußte ja selber mit ihrer Arbeit vorankommen. Es ärgerte sie auch, daß er sich nicht wehrte, wenn die anderen sich über ihn lustig machten. Vor allem Belle konnte es nicht lassen. Der braucht immer ein Opfer, dachte Petra. Aber auch Goebels Ärger entzündete sich an Erwin:
Ich krieg Hakenzähne, wenn ich mir das ansehe, Vilsmeier! tobte er. Erwin hatte wieder einmal den Anschlagwinkel auf den Boden fallen lassen.
Es tut mir leid, Herr Goebel. Entschuldigen Sie bitte, stammelte er.
Leid! Was heißt hier leid?! Goebel hielt Erwin den Anschlagwinkel unter die Nase. Du tatterst hier rum wie der letzte Mensch! Das Ding kannst du wegschmeißen! Du solltest dir, verdammt noch mal, ein Beispiel an Petra nehmen.
Das hörte Petra nicht gern. Aber Erwin konnte wirklich ein bißchen besser aufpassen. Ihr fiel ein, daß sie im Büro auch oft Fehler gemacht hatte. Ob es Marianne gestört hat?
Erwin kämpfte wieder mit den Tränen.
Nun fang bloß noch an zu flennen, Vilsmeier. Schaff dir endlich mal etwas Hornhaut auf deiner Seele an! knurrte Goebel und verschwand mit dem Anschlagwinkel im Kabuff.

Erwin zog den Rotz hoch. Er sieht aus wie ein verängstigtes Kaninchen, fand Petra. Sie versuchte ihn zu trösten.
Du kennst den Goebel doch. Wenn der nicht ab und zu mal toben kann, dann fehlt dem was.
Erwin antwortete nicht. Er suchte in den Taschen seines Overalls nach einem Taschentuch.
Sigusch näherte sich. Natürlich. Petra machte sich ans Feilen.
Sigusch baute sich hinter Erwin auf: Was gibt's schon wieder?
Ich hab kein ... mein Taschentuch, stotterte Erwin.
Kopfschüttelnd ging Sigusch weiter.
Petra hätte ihm gern die Zunge herausgestreckt.
Nach der Mittagspause klopfe Goebel Erwin auf die Schulter: Vilsmeier, wenn ich mal laut geworden bin, dann war das doch nicht so gemeint. Das ist so meine Art. Tut mir leid, wenn du etwas mißverstanden hast. Goebel machte ein nachdenkliches Gesicht: Versteh das bitte jetzt nicht falsch. Mir sind Zweifel gekommen, ob du hier bei uns am richtigen Platz bist.
Erwin sah Goebel mit großen Augen an. Belle drehte sich neugierig um.
Was gibt es da zu glotzen? herrschte Goebel ihn an. Er zog Erwin am Ärmel mit. Komm, wir gehen ins Büro.

Es dauerte, bis Erwin wieder auftauchte.
Als er das Tempotaschentuch entdeckte, das Petra ihm auf die Werkbank gelegt hatte, sah er sie an. Sie spürte, daß er verzweifelt war.
Leise sagte er: Goebel meint, Maschinenschlosser ist nichts für mich. Ich soll am Wochenende mit meinen Eltern reden. Ich sollte was anderes lernen.
Was denn?
Das wußte er auch nicht.
Und du?
Ach ... es war alles so schwierig ... mit der Lehrstelle. Mein Vater ...
Was hat denn dein Vater damit zu tun?

Mein Vater ist hier in der Schlosserei Meister, weißt du, Halle C.
Quatschen könnt ihr nach Feierabend!
Sie hatten gar nicht bemerkt, daß Sigusch wieder hinter ihnen stand. Den Rest des Nachmittags feilten sie.
Eilig ging am nächsten Morgen ein Mann im grauen Arbeitskittel durch die Lehrwerkstatt und verschwand im Kabuff. Drinnen saß Goebel.
Mein Vater! flüsterte Erwin.
Dein Vater? fragte Petra ungläubig.
Das sollte Erwins Vater sein? Dieser große Kerl? Der war doch mindestens 1,90 m groß! Erwin schob sein Werkzeug hin und her. Sein Gesicht war blaß. Gleich fällt ihm wieder etwas herunter, fürchtete Petra. Aus dem Kabuff drangen erregte Stimmen. Alle hatten aufgehört zu arbeiten und horchten. Auch Sigusch lauschte. Dann wurde die Kabufftür aufgerissen, Erwins Vater stürmte heraus, Goebel lief ein paar Schritte hinter ihm her: Kollege, nun kapier doch! Von Rausschmeißen hat keiner was gesagt!
Erwin feilte wie verrückt. Sein Vater blieb kurz stehen, sah zu Erwin hinüber, brummte etwas und ging.
War das dein Alter? wollte Belle wissen.
Halt du die Klappe! fuhr Petra ihn an.
Huch, was hat die denn? Belle schreckte zurück.
Petra drehte ihm den Rücken zu. Erwin fummelte an den Schnallen seines Overalls herum. Hoffentlich fängt er jetzt nicht auch noch an zu heulen, dachte Petra. Erwin schluckte. Goebel hatte einen hochroten Kopf. Er blieb neben Erwin stehen.
Erwin sah zu Boden: Ich verspreche Ihnen, daß ich mir mehr Mühe geben werde, Herr Goebel. Ganz bestimmt, sagte er leise.
Ja, ja, ist schon gut, Vilsmeier. Goebel legte für einen Moment die Hand auf Erwins Schulter. So war das alles nicht gemeint. Ich wollte doch nur ...
Dann sah Goebel die anderen, die neugierig nähergekommen waren. Ist was?! polterte er los und scheuchte sie zurück. Herrschaften, das Werkstück wird nicht von allein fertig!

In den nächsten Tagen wurde Erwin noch schweigsamer. In die Kantine ging er kaum noch, meistens blieb er in der Mittagspause in der Werkstatt oder saß draußen vor der Halle auf der Bank. Er tat Petra leid, wie er da so allein hockte, aber sie hatte keine Lust, sich zu ihm zu setzen. Was sollte sie ihm auch sagen?
Am Mittwoch in der Berufsschule fehlte Erwin. Am Freitag war er wie immer pünktlich fünf Minuten vor sieben in der Werkstatt. Er arbeitete langsam, ließ manchmal die Feile sinken und tat gar nichts. Der schläft im Stehen, dachte Petra. Das gibt doch wieder Ärger, wenn der sich so lahm bewegt.
Mach!
Erwin reagierte nicht.
Erwin! rief sie halblaut. Schlaf nicht ein!
Erwin sah Petra abwesend an. Der sollte sich wirklich nicht so hängenlassen, fand sie und arbeitete weiter.
Fünf Minuten nach der Frühstückspause meldete Erwin sich zum Klo ab. Goebel sagte nichts. Petra ging mit den anderen in den Unterrichtsraum und setzte sich. Hoffentlich trödelt Erwin nicht so, dachte sie. Für heute hatte Sigusch eine Übungsarbeit angekündigt. Er drängte schon und gab das Thema bekannt: Die Meßuhr. Petra erwartete, daß er gleich fragen würde, wo sich denn sein spezieller Freund Vilsmeier noch herumtreibe, aber Sigusch paßte nur auf, daß keiner abguckte. Die anderen schrieben schon. Auch Petra konzentrierte sich auf die Meßuhr und dachte in den nächsten zwei Stunden nicht mehr an Erwin.
Kurz vor der Mittagspause kam Harald in die Werkstatt gestürzt.
Erwin! Auf dem Klo! Ich hab seine Füße gesehen!
Bist du besoffen? fragte Goebel.
Nein! Er hat sich umgebracht! keuchte Harald.
Sofort den Arzt! rief Goebel zu Sigusch und rannte die Treppe hoch in den 1. Stock auf die Herrentoilette. Alle hinterher. Unter der einen Klosettür ragte ein Bein hervor. Arbeitsschuhe,

die blaue Arbeitshose etwas hochgerutscht, rote Socken. Erwins ewige rote Socken. Goebel rüttelte an der Tür. Sie war abgeschlossen.
Soll ich die Tür eintreten? fragte Belle.
Du Idiot! schrie Goebel und riß wieder vergeblich an der Tür.
Einen Dietrich! brüllte er dann.
Fünf Mann sausten los. Als Goebel endlich die Tür geöffnet hatte, sahen sie Erwin. Er lag etwas zusammengekrümmt neben dem Klobecken, das Gesicht bleich, die Augen geschlossen.
Ist er tot? fragte einer.
Er war heute morgen schon so eigenartig, dachte Petra. Ich hätte das Goebel sagen müssen.
Faß mal einer mit an! befahl Goebel. Und ihr geht weg da!
Petra wich etwas zurück und stieß gegen ein Pißbecken.
Harald und Goebel zogen Erwin vorsichtig aus dem engen Klo heraus, bis er ausgestreckt auf den Fliesen lag. Goebel zog seinen grauen Arbeitskittel aus, rollte ihn zusammen und schob ihn Erwin unter den Kopf. Er kniete neben ihm und sagte: Vilsmeier! Mensch, Erwin!
Der Arzt scheuchte alle zur Seite. Er nahm Erwins Handgelenk, fühlte den Puls und schlug ihm ein paarmal leicht gegen die Backe:
Herr Vilsmeier! Hören Sie mich?
Erwin rührte sich nicht. Der Arzt nahm eine Taschenlampe und leuchtete ihm in die Augen.
Dann kam Erwins Vater, schob die anderen zur Seite:
Was ist mit meinem Sohn? Mein Gott! Herr Doktor, sagen Sie doch was!
Ich vermute, daß Ihr Sohn Schlaftabletten genommen hat. Der Krankenwagen ist schon unterwegs.
Schlaftabletten? Mein Sohn?
Jawohl, dein Sohn! sagte Goebel.
Nun gib mir noch die Schuld? Erwins Vater ging auf Goebel los.
Herr Vilsmeier! Bitte! beruhigte der Arzt. Ihr Sohn lebt ja noch.
Kurz darauf von draußen das Martinshorn eines Kranken-

wagens. Zwei Sanitäter kamen mit einer Trage herein. Vorsichtig hoben sie Erwin hoch und trugen ihn hinaus. Petra und die anderen gingen hinterher. Sie blieben so lange auf dem Hof stehen, bis der Krankenwagen mit Blaulicht durch das Haupttor verschwunden war.

Das hätte ich Erwin gar nicht zugetraut, sagte Belle. Es klang anerkennend.

Belle kapiert überhaupt nichts, dachte Petra. Vielleicht findet er das noch gut.

An diesem Nachmittag arbeitete keiner mehr richtig. Auch Goebel übersah die Gruppen, die zusammenstanden und über Erwin sprachen. Belle führte wieder das große Wort: Er hätte doch mal mit uns reden können, wenn er Probleme hatte. Aber die ... Er brach ab.

Filzlaus wolltest du wieder sagen, ergänzte Petra. Ich fand das ganz schön fies von dir, daß du Erwin Filzlaus genannt hast, sagte sie.

Ja, ja, sehe ich ein, gab Belle zu. Aber er hatte auch so eine Art.

Was für eine Art?

Jürgen meinte: Erwin hat sich immer alles gefallen lassen.

Petra wurde wütend: Deshalb mußte Belle ihn nicht auch noch fertigmachen!

Sag mal, willst du mir vielleicht die Schuld geben? Drohend ging Belle auf Petra zu. Sie wich nicht zurück, jetzt standen sie ganz nah zusammen, sie sah ihm fest in die Augen. Belle wandte sich ab.

Ich laß mir nichts anhängen, murmelte er. Von 'ner Schnalle schon gar nicht.

Hey! Hey! Hey! Mal halblang, Mann!

Jürgen ergriff Belle am Overall. Aber Harald schob sich sofort zwischen die beiden. Jetzt macht hier keinen Quatsch!

Ich hab Erwin manchmal auch nicht verstanden, dachte Petra.

Die meisten waren der Meinung, daß Erwins Vater schuld sei. Der wollte, daß sein Sohn so sein sollte, wie er selbst: Ein «richtiger Kerl».

Erwin hätte sich gegen seinen Alten durchsetzen müssen. Sich wehren. Von Anfang an. Das muß man, sagte Belle.
Sich wehren! Sich durchsetzen! Immer Angriff und Verteidigung! Ich möchte nicht laufend mit meinen Eltern im Krieg sein. Geht es nicht anders?
Am Montag erfuhren sie, daß Erwin überlebt hat, aber noch ein paar Tage im Krankenhaus liegen muß. In der Frühstückspause ging Belle herum und sammelte Geld ein. Er fand, sie müßten Erwin unbedingt einen Blumenstrauß schicken.
Was ist denn nun los? dachte Petra.
Jeder gaben sie eine Mark, und Goebel legte ein Fünfmarkstück dazu. Alle waren dafür, daß Petra den Strauß überbrachte.

56 Erwin lag im mittleren Bett eines Dreibettzimmers. Im Bett am Fenster ein alter Mann. Das Bett an der Tür war frei. Petra bestellte die Grüße der anderen. Sie sagte, alle hofften, daß Erwin bald wieder okay sein würde. Die Blumen seien von allen, auch von Goebel. Von Goebel sollte sie ausrichten, es würde schon alles klargehen.
Das war's.
Eine Vase, fiel ihr ein. Eine Vase muß ich holen.
Hellgelbe Fresien hatte sie gekauft, dazu dunkelblaue Anemonen. Sie ging auf den Flur und suchte eine Schwester.
Bitte, setz dich doch, sagte Erwin, als Petra wieder hereinkam.
Sie stellte die Vase mit den Blumen auf seinen Nachttisch, holte sich einen Stuhl und setzte sich zu Erwin ans Bett. Sie haben ihm Tabletten gegeben, dachte sie. Er spricht so komisch. Sie spürte, daß Erwin sich über ihren Besuch freute. Er rückte die Vase auf seinem Nachttisch zurecht.
Das ist sehr nett von euch, sagte er.
Einen Augenblick schwiegen sie. Dann sagte Erwin: Ich liebe Blumen. Als ich klein war, hab ich mir mal Alpenveilchen ge-

kauft, von meinem Taschengeld. Diese roten Blüten, irgendwie ein besonderes Rot. Und die dicken Stiele.
Omablumen, dachte Petra.
Das Sprechen machte Erwin Mühe. Er flüsterte, und sie konnte ihn nur schwer verstehen.
Meine Mutter hat damals gedacht, die Alpenveilchen wären für sie. Aber ich hab gesagt: Nein, die hab ich mir selber mitgebracht. Da hat sie mich ganz komisch angeguckt.
Ich finde Alpenveilchen auch schön, sagte Petra.
Erwin zog eine der dunkelblauen Anemonen aus dem Strauß, steckte sie an anderer Stelle wieder hinein.
Sie haben mir den Magen ausgepumpt, sagte er. Es hätte schiefgehen können, haben sie gemeint. Jetzt müssen sie mich noch hierbehalten, weil mit meinen Blutwerten irgendwas nicht in Ordnung ist.
Ach so, sagte Petra.
Der alte Mann am Fenster hatte keine Zähne mehr. Er war unrasiert. In unregelmäßigen Abständen gab er ein Röcheln von sich.
Petra blieb nicht lange.
Erwin sagte zum Abschied: Vielen Dank, daß du gekommen bist. Und grüß die anderen. Sag ihnen auch Danke für die Blumen.
Als Petra schon an der Tür war, fiel Erwin noch etwas ein.
Auch viele Grüße an Goebel. Denkst du daran?
Natürlich, sagte Petra und ging.

57 Erwin kam nicht mehr zu ihnen in die Lehrwerkstatt zurück.
Eines Tages wollte Jürgen gehört haben, daß man Erwin nach Godellau gebracht hätte.
In die Klapsmühle?! fragte einer.
Eine kleine Macke hat er schon gehabt, sagte Belle.

Alles Quatsch, ich habe Erwin vor ein paar Tagen mit seinem Vater in der Fußgängerzone gesehen, behauptete Harald.
Na und? Hast du ihn gefragt, wie es ihm geht? wollte Petra wissen.
Ich hatte keine Lust, mit seinem Alten zu quatschen, sagte Harald. Außerdem mußte ich zum Handball.
Petra nahm sich in den nächsten Tagen und Wochen immer wieder vor, Erwins Vater zu fragen, was denn nun mit Erwin sei. Aber sie vergaß es jedesmal wieder.

Weißt du, was mich an Goebel stört? fragte Belle einmal Petra.
Daß er immer so schnell aus der Haut fährt und herumpöbelt, meinte sie.
Nee, ein Anschiß, das macht mir nichts.
Plötzlich war Belle verlegen.
Du wirst lachen, sagte er, es stört mich, daß er mich mit meinem Nachnamen anquatscht. Zu dir sagt er ja auch Petra und nicht Simoneit.
Meistens sagt er Blaufrau, lachte sie.
Das ist ja was anderes. Mal im Ernst, findest du das mit dem Nachnamen albern von mir?
Wieso soll ich das albern finden? sagte Petra. Mich wundert nur, daß es etwas gibt, das dir was ausmacht.
Gibt's auch nicht, sagte Belle. Ich hab bloß aus Quatsch gefragt.
Mit der Zeit entstand zwischen Belle und ihr so eine Art Wettkampf. Einmal war Petra mit einem Werkstück schneller und besser fertig, dann wieder Belle. Sie konnten darüber lachen. Manchmal tat Petra der rechte Unterarm weh, aber sie versuchte, es sich nicht anmerken zu lassen. Einmal hörte sie zufällig, wie Goebel halblaut zu Belle sagte: Na, Bellmann, Petra ist ja schon einen ganz schönen Schlag weiter als du! Da halte dich mal ran! Das hat Goebel ironisch gemeint, überlegte sie. Aber sie war sich nicht sicher.

An Robert dachte Petra immer seltener. Sie hörte von Marianne, daß er in Hofgeismar beim Deutschen Roten Kreuz seinen Zivildienst mache. Er hatte sich nicht darum gekümmert, am Ort eine Stelle zu bekommen und schließlich den Platz nehmen müssen, den man ihm zuwies. Jetzt saß er in Nordhessen und kam nur alle vierzehn Tage nach Hause. Marianne fand das nicht so schlimm. Irgendwann müsse Robert ja anfangen, sein eigenes Leben zu führen. Marianne selbst arbeitete wieder im Versand. Petra sah sie häufig auf dem Werkhof zusammen mit Frauen aus Halle A. Auch in der Lehrwerkstatt tauchte Marianne manchmal auf und sah Petra einen Augenblick bei der Arbeit zu. Beim Löten, beim Gewindeschneiden oder beim Meißeln.

58 Abends kamen Harald und Jürgen oft bei Petra vorbei und holten sie mit ihren Mofas ab. Manchmal fuhren sie in den Odenwald hoch, Richtung Mörlenbach und machten sich einen Spaß daraus, im Wald herumzuknattern.

Welcher von beiden ist es denn? wollte Sigrid wissen. Doch nicht etwa der Dicke?

Harald und Jürgen sind beide meine Freunde, antwortete Petra.

Das kannst du mir doch nicht weismachen! drängte Sigrid weiter. Aber Petra hatte keine Lust, dieses Thema mit der Schwester zu erörtern.

Was du immer im Kopf hast, sagte sie nur kurz. Man kann doch auch mit Jungen befreundet sein, ohne daß man gleich in sie verknallt sein muß.

Wenn das bloß bald mit Sigrids Hochzeit klappen würde, hoffte sie. Ich kann es mit meiner Schwester bald nicht mehr ertragen. Jochen hatte die Wohnung immer noch nicht bekommen, und ohne Wohnung wollte Sigrid nun mal nicht heiraten.

Jürgen hatte eine Freundin, das wußte Petra. So eine schlanke, blonde. Sie arbeitete bei *Honeywell Bull*, wartete oft am Haupttor auf Jürgen. Ein eigenes Mofa hatte sie nicht.

Und Harald? Er hat nie etwas von einer Freundin erwähnt, überlegte sie, obwohl wir doch über alles quatschen. Vielleicht mögen die Mädchen ihn nicht, weil er einen so fetten Hintern hat. Harald mochte Petra, das hatte sie oft gespürt. Ob Harald vielleicht in mich ... schoß es ihr plötzlich durch den Kopf. Er hatte nie versucht, mit ihr allein zu sein. Immer war Jürgen dabei gewesen. Ist auch besser so, dachte Petra. Obwohl ich Harald mag, er ist einfach ein richtig guter Kumpel. Sie beschloß, es ihm mal zu sagen, aber es fand sich in der nächsten Zeit keine rechte Gelegenheit dazu.

59 In der Kantine sprach Marianne die Frauen von der Frühschicht an. Man müsse sich dringend wegen dieser Lohngeschichte treffen, sonst verlaufe alles wieder im Sande. Sonntag um vier bei ihr zu Hause! Einige der Frauen von der Spätschicht hätten schon zugesagt.
Auch zu Petra kam Marianne: Kannst du mir am Sonntag helfen? Dich um den Kaffee kümmern und diese Dinge?
Natürlich, sagte Petra und dachte: Ob da wirklich welche kommen?
Sieben Frauen kamen. Petra war überrascht. In Mariannes Wohnzimmer wurde es eng.
Gemütlich, nicht? sagte Erika Stritt. Sie hatte sich zusammen mit Greta Eisenkrämer auf das Sofa gesetzt. Marianne machte Petra mit den Frauen bekannt: Dorothee, Iris, Angela, Reni, Gila.
Auch Reni und Gila hatten sich nebeneinander gesetzt. Sie waren die einzigen von der Spätschicht und kannten die anderen Frauen nur vom Sehen. Etwas steif saßen sie auf ihren Stühlen und sprachen leise miteinander.
Sie hatten sich alle gut angezogen. Iris, die Petra häufig mit der bunten Kittelschürze in der Kantine gesehen hatte, sah in dem hellblauen Samtkostüm völlig verändert aus. Die ist viel jünger, als ich gedacht habe, stellte Petra fest. Höchstens zwanzig. Sie war erstaunt, als Iris von ihren beiden Kindern sprach. Alle Frauen hatten Kinder, Angela sogar vier. Und alle Kinder, so schien es, hatten Probleme in der Schule. Jedenfalls wurde an

Mariannes Kaffeetisch einstimmig über das Theater mit den Hausaufgaben geklagt, über Lehrer, die mehr Urlaub hatten als jeder andere Mensch und über die vielen Ausländerkinder, die die Klassen überfüllten: In der Schule wird ja nur noch Türkisch gesprochen, kein Wunder, daß die deutschen Kinder nicht mehr mitkommen.
Petra sah auf die Uhr: Schon Viertel nach fünf. Wann reden sie denn nun endlich über die Lohnsache? Sie wunderte sich, daß Marianne nicht davon anfing. Aber Marianne unterhielt sich mit Gila und Reni über Gardinen.
Marianne hatte viel zuviel Kuchen gekauft, fand Petra. Sie ging herum und goß Kaffee nach. Fünfzehn Sahnestückchen und ein großer Kranzkuchen. Vielleicht hat sie gehofft, daß mehr Frauen kommen. Petra mußte die Kaffeekanne abstellen. Das rechte Handgelenk tat ihr wieder weh. Sie ging in die Küche und hielt den Arm eine Weile unter den kalten Wasserstrahl, aber der Schmerz wollte nicht nachlassen.
Als sie wieder ins Wohnzimmer kam, hatten die Frauen Dorothee am Wickel. Sie mache sich bei der Arbeit völlig verrückt, könne nichts liegenlassen.
Ich hab nun mal gerne reinen Tisch, versuchte Dorothee sich zu verteidigen.
Bist du schon mal gelobt worden, weil du deine Arbeit so schön machst? fragte Marianne.
Dorothee sah sie verblüfft an. Diese Frage hatte sie sich offensichtlich noch nicht gestellt.
Nee, sagte sie nachdenklich. Immer nur angeschissen haben sie mich. Sie lachte etwas verlegen. Wenn ich mal einen Fehler gemacht habe.
Einen Augenblick sagte niemand etwas.
Ich weiß nicht, meinte Iris langsam, wir haben doch alle Angst, daß wir einen auf den Deckel kriegen, wenn wir unsere Arbeit nicht ordentlich machen. Wir haben doch alle Angst, unseren Arbeitsplatz zu verlieren. Das steckt ganz tief drin bei uns im Hinterkopf.

Erika Stritt wurde unruhig.
Nun verbreitet hier mal nicht so eine trübe Stimmung! rief sie. In meinem Hinterkopf steckt nur noch, daß die Männer für die gleiche Maloche mehr Kohlen kriegen! Und diese Sauerei muß vor die Betriebsversammlung!
Niemand widersprach ihr. Nur wer sollte die Sache vortragen?
Betretenes Schweigen.
Gila schlug Marianne vor. Nein, das ging nicht. Marianne arbeitete zwar nicht mehr im Büro, aber sie war ja noch Angestellte, keine Arbeiterin. Es mußte eine von ihnen sein, eine, die betroffen war. Eine Frau aus Halle A.
Freiwillig meldet sich keine, dachte Petra. Die haben alle Schiß.
Die anderen sahen Greta an, aber Greta sagte schnell: Kinder, das muß doch heute nicht entschieden werden.
Sie nahm ein zweites Sahnestück und schob Dorothee die Platte hin. Wir können Marianne doch nicht auf dem Kuchen sitzen lassen!
Petra platzte ein Lachen heraus, sie sah Marianne vor sich, wie sie auf einer Torte thronte und langsam in der weichen Sahne versank.

Als die Frauen um 6 Uhr gingen, war die Kuchenplatte leer.
Die Frauen waren sich einig: Es muß etwas geschehen. Nächsten Sonntag treffen wir uns wieder.
Hoffentlich kann ich das meinem Alten verklickern, sagte Iris.
Dorothee meinte: Da wird dir schon was einfallen!
Petra blieb noch bei Marianne, half ihr, die Tassen und Teller abzuwaschen. Ob eine der Frauen es fertigbringt, fragte sie Marianne, auf der Betriebsversammlung vor all den Kollegen den Mund aufzumachen? Wenn alle sie angucken?
Marianne war sich nicht sicher. Ich hoffe es, sagte sie. Ich hoffe es für die Frauen.
Angst, sagte Petra. Scheiße, daß die Frauen soviel Muffe haben.

60 Petra ging am nächsten Morgen zu Goebel: Mein rechter Arm tut mir weh, gestand sie ihm. Er schickte sie sofort zum Betriebsarzt. Das wurde aber Zeit! hieß es im Sanitätsraum. Beginnende Sehnenscheidenentzündung.

Könnt ihr nicht mal früher kommen? fragte der Arzt. Er umwickelte ihren Arm bis zur Schulter mit elastischen Binden. Wenn Petra Glück haben würde, käme sie um den Gips herum. Mit der strikten Anweisung, den Arm ruhig zu halten, wurde Petra für vierzehn Tage krankgeschrieben.

Nach dem ersten «freien» Tag sagte Sigrid zu ihr:

Da kannst du mindestens noch eine Woche mehr rausholen. Du behauptest einfach: der Arm tut noch weh.

Ich bin nicht scharf auf Krankfeiern, dachte Petra. Was soll ich zu Hause?

Sie saß auf ihrem Bett, den rechten Arm in einer Schlinge. Auf ihrem kleinen Schreibtisch stand der Schraubstock. Die beiden Puppen hatten von ihrem angestammten Platz weichen müssen, saßen jetzt auf der Fensterbank.

Mein Schraubstock, dachte Petra. Sie stand auf und nahm ihn in die Hände.

Den willst du tatsächlich ganz allein gemacht haben? hatte der Vater noch vor kurzem gestaunt. Und die Mutter ungläubig gefragt:

Funktioniert der richtig?

Mit der linken Hand drehte Petra den Schraubstock auf und zu. Auf, zu. Auf, zu.

Er funktionierte.

61 Betriebsversammlung. 11 Uhr, Halle C. Petra war wieder gesundgeschrieben. In der Frühstückspause half sie mit, die Bänke vom Hof in die Halle zu tragen. Um elf Uhr sollte in Halle C die Betriebsversammlung beginnen. Die Leute aus der Verwaltung kamen wie üblich mit ihren Bürostühlen. Zusammen mit Harald und Jürgen setzte Petra sich auf eine

Werkbank, Rita und eine andere technische Zeichnerin stellten sich zu ihnen.
Jetzt bin ich ja gespannt, ob die Frauen es wirklich bringen, sagte Rita.
Greta hatte sich endlich bereiterklärt, die Sache vorzutragen. Petra rutschte näher an Harald heran, damit sie Greta besser sehen konnte. Hoffentlich macht sie keinen Rückzieher, sagte Rita. Direkt hinter Greta stand Erika, und in ihrer unmittelbaren Nähe entdeckte sie Marianne. Offenbar gaben sie Greta Rückendeckung. Es war verabredet, daß Greta sich sofort zu Beginn der Versammlung zu Wort melden sollte, aber Betriebsrat Hausner kam ihr mit einer Beschwerde über die engen Umkleideräume zuvor. Als dieses Thema durch war, gab es eine kleine Pause. Petra sah, wie Marianne Greta fast unmerklich zunickte. Erika knuffte Greta aufmunternd in die Seite. Los, Greta!
Mensch, hoffentlich macht sie jetzt los, sagte Petra leise zu Rita. Da hob Greta die Hand. Ihre Wortmeldung wurde angenommen.
Petra war aufgeregt.
Greta sprach laut, sie war gut zu verstehen, wirkte überhaupt nicht nervös. Genauso, wie sie es am letzten Sonntag bei Marianne durchgesprochen hatten, brachte sie die Forderung der Frauen nach gleichem Lohn für alle in Halle A vor.
Betriebsrat Kalweit unterstützte Greta, er bestätigte, daß sich mehrere Kolleginnen bei ihm beschwert hätten. Eindeutig stehe fest, daß in der Leiterplattenfertigung die Männer übertarifliche Zulagen bekämen, die Frauen jedoch nicht. Obwohl sie die gleichen Arbeiten ausführten wie die Männer. Dieser Punkt wurde von der Geschäftsleitung sofort energisch bestritten. Dr. Zapka behauptete, in Halle A gäbe es absolut keine vergleichbaren Aufgabenbereiche für männliche und weibliche Arbeitnehmer. Männer seien in der Leiterplattenfertigung ja grade deshalb eingestellt worden, weil sie bei Bedarf sofort woanders einspringen könnten. Darüber hinaus könne man Männer in Teams einset-

zen, was bei Frauen bekanntermaßen nicht möglich wäre. Dr. Zapka ließ sich durch empörte Zwischenrufe und das Hohngelächter einiger Frauen nicht aus der Ruhe bringen. Er redete einfach weiter. Sein nächstes Argument: Frauen seien nur in den wenigsten Fällen bereit, einen vollen Acht-Stunden-Tag abzuleisten, Frauen wollten am liebsten Teilzeitbeschäftigungen. Das könne Personaldirektor Dr. Dollinger bestätigen. Ganz zu schweigen von den Überstunden, die bei eiligen Aufträgen nun mal anfielen, und zu denen Frauen sich kaum bereit fänden.

Wie soll man mit drei kleinen Kindern noch Überstunden machen? rief Greta dazwischen. Sie bekam laute Zustimmung von den Frauen. Dr. Zapka wartete ab, bis es wieder ruhiger wurde. Er sprach dann über Umstrukturierungen innerhalb des Gesamtkonzerns und anstehenden neuen Eingruppierungen.

Das hab ich doch schon mal gehört, dachte Petra.

Auch so ein fauler Trick, sagte Harald. Alle halten schön die Klappe, weil sie hoffen, höher eingestuft zu werden.

Dr. Zapka war mit seinem Vortrag immer noch nicht zu Ende. Er betonte noch einmal, daß die übertariflichen Zulagen für die Männer in Halle A wirklich nichts mit Lohnungerechtigkeit zu tun hätten. Abschließend hob er die Stimme:

Und eines, meine Damen, rief er, eines darf man letztlich auch nicht vergessen: Die Männer sind nun mal die Ernährer ihrer Familien!

Da ging es los.

Und was ist mit den alleinstehenden Frauen? Müssen die vielleicht nicht essen?! rief Marianne.

Man konnte kaum etwas verstehen, weil alle durcheinanderschrien:

Ich ernähre mich und meine beiden Kinder ganz alleine! Und das von Lohngruppe II! Das machen Sie mir erst mal vor!

Wir arbeiten hier nicht aus Langeweile!

Wir arbeiten, weil wir Geld verdienen müssen!

Mein Mann ist krank! Der ernährt überhaupt niemand!

Kalweit und die anderen Betriebsräte hatten Mühe, die Ruhe wiederherzustellen.
Dr. Dollinger bat dann um das Wort und um Verständnis für die Geschäftsleitung. Die Arbeitsmarktsituation mache es für die Betriebe immer schwerer, qualifizierte Arbeitskräfte zu bekommen. Bei Facharbeitern tauchten jetzt schon Engpässe auf.
Seit wann werden in Halle A denn Facharbeiter gebraucht? fragte Jürgen.
Alles nur Gelaber, sagte Rita. Ablenkungstaktik.
Dr. Zapka hatte noch etwas Konkretes zum Thema zu sagen. Man müsse berücksichtigen, daß bei Maschinenstörungen Frauen nicht selbständig eingreifen könnten. Frauen seien dazu aus körperlichen Gründen und auch wegen ihres geringeren technischen Verständnisses nicht in der Lage.
Das halte ich im Kopf nicht aus, sagte Petra. Schon etwas lauter.
Am Ende der Betriebsversammlung appellierte die Geschäftsleitung an die Belegschaft, den Betriebsfrieden, der doch seit jeher Grundlage des Arbeitsklimas bei der *Hemag* gewesen war, nicht zu gefährden.
Wir sitzen alle in einem Boot, sagte Jürgen.
Und ziehen an einem Strang, bemerkte Harald.
Tauziehen, dachte Petra. Und wer zieht am anderen Ende?
Mit einem allerletzten Wort beschloß Dr. Zapka dann die Versammlung.
Übertarifliche Zulagen seien, er betonte jedes Wort, seien freiwillige Leistungszulagen der Arbeitgeber, die individuell mit den Arbeitnehmern ausgehandelt würden.
Schwanzprämien! rief Rita so laut, daß alle es hören konnten.

62 Oma Zwirner ging immer krummer. Ich werde langsam eine alte Hexe, lachte sie manchmal.
Wir müssen uns mal überlegen, was wir mit Oma Zwirner ma-

chen, sagte der Vater, als sie nach einem Besuch das Haus verlassen hatte. Oma Zwirner baut ab.
Wenn Sigrid heiratet, dann wird doch ihr Zimmer frei, und Oma Zwirner könnte zu uns ziehen, schlug Petra vor.
Sie sah an dem Gesicht der Mutter, daß sie ihre Idee nicht gerade begeistert aufnahm. Der Vater schwieg ebenfalls.
Es wird sich schon eine Lösung finden, sagte er dann. Und damit war das Thema erst mal erledigt.
Petra gondelte mit ihrem Mofa jeden Mittwoch nach der Berufsschule zu Oma Zwirner und holte für sie ein. Es mußte für eine Woche reichen. Einmal, als die Oma große Schmerzen hatte, wollte sie ihr die Wohnung putzen. Aber das erlaubte Oma Zwirner nicht.
Du hast deine eigene Arbeit, sagte sie. Setz dich lieber hin und erzähl mir ein bißchen. Hast du einen Freund?
Ich bin viel mit Harald und Jürgen zusammen, antwortete Petra.
Das meine ich nicht, sagte Oma Zwirner und schwieg einen Augenblick.
Mach dir man keine Sorgen, sagte sie dann. Das kommt schon.
Was kommt schon? dachte Petra. Daß ich mich verliebe? Oder was?
Aber sie fragte nicht.

63 Die Zeit in der Lehrwerkstatt war vorbei. Petra arbeitete jetzt in der Schlosserei, danach sollte sie in die Härterei kommen, später in die Gießerei, die Schmiede, die Werkzeugmacherei. Als sie sich von Goebel verabschiedete, war sie fast ein bißchen traurig gewesen. Aber hier in der Schlosserei fühlte sie sich doch freier, konnte mal mit Kollegen reden, ohne daß sie gleich angepfiffen wurde. Die vorgegebene Zeit, in der sie jetzt ein Werkstück fertigmachen mußte, empfand sie allerdings als einen großen Druck.
An ihre Zwischenprüfung dachte sie ungern zurück. In den sie-

ben Stunden, die sie zur Herstellung der Spannvorrichtung zur Verfügung gehabt hatte, war sie nur mit Mühe fertiggeworden. Wenigstens muß ich jetzt nicht mehr soviel Edelschrott produzieren, sagte sie sich. In der Lehrwerkstatt, da feilt man manchmal wochenlang an einem Teil herum, das zu nichts zu gebrauchen ist. Nur für die Note. Oft fliegt dann die ganze Mühe in die Abfallkiste. Es sei denn, Goebel findet dein Kunstwerk so kostbar, daß er es für vierzehn Tage in den Schaukasten stellt.

Einige ihrer Werkstücke hatte Petra mit nach Hause genommen und zu dem Schraubstock auf ihren Schreibtisch gestellt. Den Flaschenzug-Eigenbau hatte sie sich an die Wand gehängt. Von allen Werkstücken gefielen ihr aber am besten der Ölbehälter und die Handbügelsäge. Beide Teile konnte sie bei der Arbeit richtig benutzen.

So einiges hatte sie dann wohl doch schon mitgekriegt.

Mit der Mutter bekam Petra jetzt nicht mehr so oft Krach. Aber sie hatten sich auch nicht viel zu sagen. Ein paarmal hatte Petra von den Frauen in Halle A erzählen wollen, aber schnell gemerkt, daß die Mutter sich für Lohngeschichten, wie sie es nannte, nicht interessierte. Außerdem gab es zu Hause nur noch ein Thema: Sigrid und das Kind. Ein Riesentheater war zuerst losgegangen, als Sigrid damit herausrückte, daß sie schwanger sei. Dann hatte die Mutter sich beruhigt und war jetzt ganz mit der Hochzeit beschäftigt. Schnell mußte geheiratet werden, bevor Sigrid einen dicken Bauch bekam. Fürs erste konnte das junge Paar bei Jochens Eltern unterkommen, zwei Zimmer im Dachgeschoß. Auf Dauer wäre das keine Lösung, wie der Vater meinte. Jung und Alt verträgt sich nicht.

Der Vater selbst ging jetzt fast jeden Abend noch mal auf ein Bierchen weg. Aus den «Weibergeschichten» wollte er sich heraushalten. Petra hätte gern gewußt, ob Sigrid sich auf das Kind freute, aber die Schwester gab ihr keine richtige Antwort. Ihr sei dauernd schlecht, sagte sie nur, sie fühle sich so elend. Petra zog sich dann meistens auf ihr Zimmer zurück. Sie war froh, daß niemand sich nach ihr erkundigte. Auch wenn sie abends mal spät nach Hause kam, schienen sie es nicht zu bemerken.

64 Petra fuhr nach Feierabend bei Marianne vorbei, klingelte.

Robert!

Daß Robert ihr die Tür öffnen würde, damit hatte sie nicht gerechnet. Sie hatte ihn fast vergessen. Auch Robert hatte sie wohl nicht erwartet. Im ersten Moment sagten beide nichts.

Das Buch, stotterte Petra dann. Ich hab das Buch immer noch.

Ach, das hab ich dir längst geschenkt, sagte Robert. Ich hab mir ein neues gekauft.

Marianne erschien in der Küchentür und fragte, ob er Petra etwa im Treppenhaus stehen lassen wolle. Robert nahm Petra mit hinein. Sie seien dabei, das Ende von Roberts Zivildienst zu feiern, erklärte Marianne. Es gebe Leber mit Zwiebeln und Apfelringen, Roberts Lieblingsessen, es reiche für drei. Ißt du mit uns?

Er kommt also wieder, dachte Petra. Sie war etwas verwirrt, wußte nicht recht, ob sie bleiben sollte. Aber Marianne hatte schon einen dritten Teller geholt, schob Petra einen Stuhl hin, goß ihr Wein ein. Robert war plötzlich wie aufgedreht, fing an, von seiner Zeit beim Deutschen Roten Kreuz zu erzählen, wie er als Sanitäter ausgebildet wurde und wie er den ersten Toten gesehen hatte.

Jetzt hör aber auf! protestierte Marianne. Beim Essen! Laß uns lieber anstoßen.

Auf was?

Auf uns, lachte Marianne. Auf das gute Essen, auf euer Wiedersehen, auf diesen schönen Abend!

Es wurde ein sehr schöner Abend. Bis kurz vor Mitternacht saßen sie in der Küche und redeten. Dann mußte Petra wirklich gehen. Robert brachte sie nach Hause, er schob ihr Mofa, sie gingen

langsam. Als sie sich vor ihrer Tür verabschiedeten, sagte Petra: Weißt du, was wir unbedingt sollten?
Robert sah sie erwartungsvoll an.
Wir sollten unbedingt nach Laudenbach in die Disco gehen!
Sie mußten beide lachen. Robert wollte Petra an sich ziehen, aber sie machte sich los und lief ins Haus.
Bis bald! rief sie leise.
Im Schlafzimmer der Eltern sah sie noch Licht. Sie schlich die Treppe hoch, horchte, aber niemand kam heraus. Sie hatten sie wohl nicht vermißt.
In ihrem Zimmer überlegte sie, ob sie noch eine Platte auflegen sollte, aber irgendwie brauchte sie jetzt keine Musik.
Sie war sich ganz sicher, daß sie Robert bald wiedersehen würde.

65 Robert und Petra trafen sich jetzt jeden Tag. Er war wieder bei der *Hemag* eingestellt worden, als Maschinenschlosser in der Versuchsabteilung. Er wollte erst mal Geld verdienen, später dann auf die Technikerschule gehen, um Maschinenbautechniker zu werden.
In der Kantine saß Petra weiterhin mit Harald und Jürgen zusammen. Wie früher, als sie noch gemeinsam in der Lehrwerkstatt waren, hielten sie den Tisch ganz hinten, direkt neben dem Eingang zur Küche.
Mußt du eigentlich immer mit diesen Typen zusammensitzen? fragte Robert.
Was heißt Typen? Das sind meine Freunde. Setz dich doch zu uns, forderte sie Robert auf. Aber Robert wollte lieber bei seinen Kollegen sitzen. Petra überlegte, ob sie sich an den Tisch zu Robert setzen sollte. Aber nein, Harald und Jürgen waren schließlich ihre Kollegen. Und sie wollte bei ihren Kollegen sitzen. Mit Robert war sie ja nach Feierabend zusammen.

66 Harald hatte aufgehört zu rauchen. Er war auf Kaugummi umgestiegen. Ohne Zucker, wegen der Linie. Petra saß mit ihm in der Frühstückspause auf der Bank vor der Härterei. Er kaute und kaute.

Willst du auch? fragte er und wickelte einen Kaugummi aus dem Papier. Petra wollte nicht, sie hatte sich aus dem Automaten eine Tüte Schoko-Milch gezogen. Harald schob sich das graue Plättchen in den Mund.

Hast du eigentlich was mit diesem Robert? fragte er.

Petra bohrte den Strohhalm in die Tüte. Auf diese Frage war sie nicht gefaßt gewesen. Ja, dachte sie, ich hab was mit Robert! Ich bin verliebt! Ich bin völlig verrückt!

Sie sah Harald an. Harald kaute angestrengt.

Wieso? fragte sie.

Weil du jetzt dauernd mit dem rumziehst.

Harald ist eifersüchtig, dachte Petra. Ich habe es geahnt.

Harald knetete das Kaugummipapier zu einer Kugel. Mit unseren Mofas, sagte er, das war schön. Aber irgendwie ... irgendwie bringt's das nicht mehr.

Finde ich auch, sagte Petra.

Eine Weile schwiegen sie.

Hast du eigentlich eine Freundin? fragte Petra dann.

Mehrere, sagte Harald und lachte. Die Weiber stehen auf mich.

Gib bloß nicht so an, wollte Petra sagen, aber sie konnte es für sich behalten. Harald drückte die Papierkugel noch fester zusammen, schnippte sie mit den Fingern weg.

Jürgen will sich einen alten Schlitten kaufen, sagte er.

Lieber Harald, dachte Petra. Sie hätte ihn jetzt gerne umarmt und ihm einen Kuß gegeben. Aber das ging ja nicht hier auf dem Hof. Vor all den Leuten.

67 In Mariannes Wohnzimmer sah es schlimm aus. Auf dem Tisch stapelten sich Aktenordner, Broschüren, Papiere. Dazwischen Kaffeetassen, Bierflaschen, die alte Schreibmaschine. Der Aschenbecher quoll auch schon wieder über, obwohl Petra ihn erst vor zehn Minuten geleert hatte. Marianne schob alles etwas beiseite, machte Platz für die Gläser, die Petra hereinbrachte. Jetzt mußte gefeiert werden, jetzt war es passiert.
Acht Frauen aus der Frühschicht und sieben Frauen aus der Spätschicht hatten vor einer Stunde im Gewerkschaftsbüro eine Klage gegen die *Hemag* unterschrieben! Sie forderten eine Nachzahlung der übertariflichen Zuschläge, die die Männer in Halle A in den letzten drei Monaten bekommen hatten.
Wer macht den Sekt auf? Du traust dich nicht, Dorothee? Das macht immer dein Mann? Los, einmal mußt du anfangen! Die Frauen waren völlig aufgedreht. Zu viert hatten sie sich auf Mariannes Sofa gequetscht, Reni und Gila hockten auf dem Boden, Iris und Angela saßen zusammen auf einem Küchenstuhl. Sie lachten über Dorothees ängstliches Gesicht, wie sie vorsichtig den Draht am Sektkorken löste. Es knallte, und der Sekt schoß aus der Flasche. Schnell, schnell, die Gläser! Nicht so voll! Los, noch eine Flasche, wir wollen alle was haben!
Und dann wurde es für einen Moment richtig feierlich.
Daß wir das geschafft haben! sagte Erika und strahlte.
Zuerst hatten sie alle nicht so recht gewollt. Gegen die *Hemag* klagen? Das hat doch keinen Sinn, die sitzen da doch am längeren Hebel. Die schmeißen dich bloß raus, einen Grund finden die immer. Was? Jede von uns soll allein klagen? Warum denn nicht alle zusammen? Das geht juristisch nicht. Nee, also allein, das mache ich nicht. Außerdem Gericht, das kostet Geld. Die Gewerkschaft übernimmt die Kosten. Wirklich? Ja! Die stellt euch auch Anwälte. Wozu seid ihr in der Gewerkschaft! Schon mal was von Rechtsschutz gehört? Unermüdlich hatte Marianne argumentiert. Sie konnte die Frauen überzeugen, daß sie in einem Lohnkampf nicht allein dastünden.

Irgendwie ist das auch Mariannes Kampf, dachte Petra. Marianne gibt nicht auf.

Betriebsrat Kalweit hatte Marianne unterstützt. Die Frauen in Halle A sollten bloß nicht denken, sie wären die ersten, die vors Arbeitsgericht gingen. Die *Heinze-Frauen* beispielsweise wollten sich die ungleiche Bezahlung von Männern und Frauen auch nicht länger gefallen lassen. Sie hätten Klage eingereicht. Aber Iris und die anderen blieben zunächst skeptisch. Wer sind denn die *Heinze-Frauen*? Das sind Frauen aus Gelsenkirchen, die in einem fototechnischen Werk arbeiten. Die entwickeln Fotos am laufenden Band. Alle eure schönen Urlaubsfotos. Und die Frauen haben geklagt? Jawohl, und in der ersten Instanz gewonnen. Was heißt in der ersten Instanz? Die Firma *Heinze* ist in die Berufung gegangen. Siehste.
Schluß, hatte Greta dann eines Tages gesagt. Jetzt werden Nägel mit Köppen gemacht. Wir klagen.
Und Erika hatte hinzugefügt: Wer nicht klagt, der nicht gewinnt.
Nur zögernd hatten sich die anderen dann auch bereiterklärt, gegen die *Hemag* vor das Arbeitsgericht zu ziehen.
Jetzt hob Greta ihr Glas. Und nun, rief sie, nun nimmt das Schicksal seinen Lauf! Da heulte Iris los.
Was ist denn jetzt passiert? fragte Erika erschrocken. Aber Iris schniefte und schluchzte nur. Marianne holte ein Paket Papiertaschentücher aus dem Badezimmer, und Iris putzte sich lautstark die Nase.
Karl-Heinz hat gesagt, ich kann was erleben, wenn ich unterschreibe, brachte sie stockend heraus.
Na also! Das ist doch kein Grund, daß du dich so aufregst! Dein Mann wird dir schon nicht den Kopf abreißen.
Ihr kennt Karl-Heinz nicht!
Wieder wurde Iris von Weinen geschüttelt. Erika nahm sie in den Arm, streichelte sie. Greta hielt Iris das Sektglas hin, aber Iris wollte nicht trinken. Etwas hilflos saßen die anderen da.

Dann gestand Angela kleinlaut, daß sie ihrem Mann auch nichts gesagt hätte. Sogar die Treffen bei Marianne hatte sie ihm verschwiegen. Meiner hat nur gesagt: du mußt ja wissen, was du tust, erzählte Dorothee. Als ob ich etwas Kriminelles vorhätte.
Dorothee lachte, aber das Lachen, fand Petra, klang nicht ganz echt. Ob Robert auch so sein könnte, mußte sie denken. Sie konnte es sich nicht vorstellen.
Greta wurde energisch. Hier muß mal frische Luft rein!
Sie öffnete ein Fenster und goß Sekt nach. Auch Iris nahm einen Schluck, aber die gute Stimmung wollte sich nicht wieder einstellen.

68 Monatelang schleppten sich die Verhandlungen beim Arbeitsgericht hin. Heute sollte nun endlich über die Klage der Frauen entschieden werden. In der Fußgängerzone hatte die *IG-Metall* einen Info-Stand aufgebaut. Zusammen mit Harald und Jürgen war Petra in die Gewerkschaft eingetreten. Jetzt verteilten sie Flugblätter. *Kommen Sie zum Arbeitsgericht! Bekunden Sie Ihre Solidarität mit den Hemag-Frauen!* Sie sprachen Passanten an:
Finden Sie es richtig, daß Frauen für die gleiche Arbeit weniger Lohn bekommen als Männer?
Manche Leute gingen einfach weiter. Manche sagten:
Weiß ich nicht.
Oder:
Hab keine Zeit.
Ein Mann wollte das Flugblatt nicht annehmen. Frauen sollen nicht Geld verdienen, schimpfte er, Frauen sollen Kinder kriegen. Aber Kinder wollen die Frauen ja nicht mehr. Wo das hinführt, kann ich Ihnen sagen: in hundert Jahren sind wir Deutschen ausgestorben! Das ist kein Witz, das ist eine Tatsache. Lesen Sie mal die Zeitung!

Die meisten jedoch fanden es richtig, daß Frauen eine ungerechte Bezahlung nicht mehr länger hinnehmen wollten.
Ich denke, die Gleichberechtigung steht bei uns im Grundgesetz, meinte eine Frau.
Gleichberechtigung? So was steht bei uns nur auf dem Papier! rief Harald. Gehen Sie doch mal rein in die Betriebe, dann sehen Sie, was da los ist mit der Gleichberechtigung!
Harald engagiert sich ja richtig, dachte Petra. Der dicke Harald ist wirklich in Ordnung.
Belle kam angerannt, er war ganz außer Atem. Da liefe eine tolle Demo, sie müßten sofort kommen, das Urteil würde gleich verkündet.
Die Menschenmenge, die sich vor dem Arbeitsgericht versammelt hatte, war größer, als Petra gedacht hatte. Vor allem war sie verblüfft über die vielen Männer. Nicht nur *Hemag*-Leute, auch Kollegen aus anderen Betrieben waren da. Petra entdeckte in der Menge Goebel und Sigusch, auch Robert sah sie, aber er sah sie nicht, jedenfalls blickte er nicht zu ihr herüber. Rita stand ganz vorn, sie hielt ein Pappschild hoch. Petra konnte nicht erkennen, was darauf stand. Zwei Frauen neben ihr schoben sich langsam mit einem Transparent weiter nach vorn: *Ist Frauenarbeit weniger wert?*
Das Fernsehen war auch da, Petra zählte drei blaue Wagen mit dem *hr*-Zeichen. Etwas abseits in einer Seitenstraße sah sie die grünen Autos der Polizei. Mannschaftswagen und Streifenwagen.
Plötzlich fing eine Gruppe von Frauen an, im Takt zu rufen: *Gleiche Arbeit! Gleicher Lohn! Gleiche Arbeit! Gleicher Lohn!* Die anderen fielen sofort ein. Auch Petra, sie rief so laut sie konnte. Dann ging die Tür zum Gerichtsgebäude auf. Es wurde still auf dem Platz. Petra bekam eine Gänsehaut. Als erste erschien Greta.
Gewonnen! Wir haben gewonnen! rief sie und riß die Arme hoch. Jubel brach aus, einige klatschten Beifall, Hurra-Rufe waren zu hören, Frauen fielen sich in die Arme. Es gab ein ziemliches Durcheinander. Harald und Belle nahmen Petra, umarmten

sie beide zugleich und schmissen sie dabei fast um. Petra machte sich los, sie hatte Mühe, sich durch die Menge nach vorn zu drängen. Als sie endlich in der ersten Reihe stand, wurde gerade jeder der fünfzehn Frauen eine rote Nelke übergeben. Die Frauen strahlten, und der Betriebsrat und die Leute von der Gewerkschaft bauten sich neben ihnen auf. Die Pressefotografen fotografierten wie verrückt, und das Fernsehen machte ein schnelles Interview mit Greta. Was Greta sagte, konnte Petra nicht verstehen. Es war auch egal, sie hatten ja gewonnen!
Spontan bildete sich ein Zug, der durch die Stadt zog. Die Frauen vornweg. *Gewonnen! Gewonnen! Die Hemag muß zahlen!* riefen sie. Petra ging neben Marianne und Dorothee. Sie sah, wie die Leute stehenblieben und hinter ihnen herguckten.
Als sie durch die Fußgängerzone zogen, stand die Mutter in der Tür des Reinigungsgeschäfts. Petra winkte ihr zu: Komm mit! Aber die Mutter winkte nur zurück.

Am nächsten Tag berichteten viele Zeitungen sehr positiv über das Urteil. Man müsse allerdings abwarten, ob die *Hemag* ihre Ankündigung, in die Berufung zu gehen, wahrmache, hieß es. Einige Zeitungen brachten sogar auf der ersten Seite eine Schlagzeile. In *Bild* konnte Petra nur eine kurze Meldung finden. Marianne schnitt alle Artikel dazu aus. Sie ließ sich auch die Glückwunschbriefe und Telegramme geben, die bei der *IG-Metall* und beim Betriebsrat angekommen waren. Wir machen eine Dokumentation, hatte sie vorgeschlagen. Für uns. Zur Erinnerung. Und für andere Frauen, die sich nicht mehr länger mit Pfennigen abspeisen lassen wollen. Die anderen stimmten begeistert zu.
Das Abheften der vielen Berichte und Schriftstücke übernahm Petra. Sie mußte an die Müschler denken und ein bißchen lachen. Ordnung ist das halbe Leben! Die Ablage muß korrekt sein, Kindchen, sonst findet man nie etwas wieder! Ich mach's schon ordentlich, Frau Müschler, dachte sie und las die Briefe der Chemiefrauen, der Textilfrauen, der Frauen aus dem öffentlichen Dienst. Geschrieben hatten Kabelspulerinnen, Löterin-

nen, Justiererinnen, Einlegerinnen, Prüferinnen, Locherinnen. Was es alles gibt, dachte Petra. Auch ein Telegramm der *Heinze-Frauen* war dabei. Haltet weiter durch! Petra zeigte das Telegramm Marianne und fragte:
Ob die *Hemag* wirklich in die Berufung geht?
Das nehme ich an. Dann gehen wir vors Landesarbeitsgericht.
Marianne tut so, als sei es eine Selbstverständlichkeit, fand Petra. Aber wenn die Frauen nicht mehr mitmachen? Was dann?

69 Genau vier Wochen später kam Kalweit mit der Nachricht: die *Hemag* hat Berufung eingelegt, und eure Nachzahlung ist erst mal auf Eis.
Siehste wohl, sagten die ewigen Miesmacher im Betrieb. Das war ja vorauszusehen.
Keine der Frauen wollte sich ihre Enttäuschung anmerken lassen. Alle haben sie auf das Geld gehofft, dachte Petra. Lohngruppe II, das ist ja auch wirklich ein Hungerlohn. Und daß sie endgültig Recht bekommen.
Sie stand mit den Frauen von der Frühschicht im Umkleideraum. Greta verbreitete Optimismus:
Erst mal abwarten. Rom ist auch nicht an einem Tag gebaut. Jetzt ist die *Hemag* dran. Sie muß beweisen, daß wir nicht die gleiche Arbeit machen wie die Männer.
Iris hielt alles für verloren. Erika redete auf sie ein:
Du mußt das nicht so negativ sehen, Iris. Selbst wenn das nächste Urteil in die Hosen geht, dann haben wir uns doch wenigstens besser kennengelernt. Und wir haben mal was gemacht. Etwas Gemeinsames! Das ist doch auch was wert.
Erika, nun quassel nicht, sagte Dorothee, es ist gleich sieben! Gehen wir schaffen.
Nur nicht übertreiben, sagte Erika und zog sich ihren Kittel in aller Ruhe an.

Petra betrachtete sich im Spiegel. In den Arbeitsklamotten, fand sie, sah sie viel dicker aus, als sie wirklich war. Irgendwie unförmig. Sie streckte sich. Gewachsen war sie nicht, aber Muskeln hatte sie bekommen, vor allem an den Armen. Besser als schlabberiges Fett, dachte sie und beschloß, sich den Bikini zu kaufen, den sie im Sportgeschäft in Bensheim gesehen hatte.
An einem der nächsten Abende mußte sie auch den Eltern klarmachen, daß sie mit Robert zusammen in den Urlaub fahren wollte. Die Mutter würde wahrscheinlich Theater veranstalten. Aber ganz sicher war Petra sich nicht. Als sie das erste Mal nachts nicht nach Hause gekommen war, hatte sie einen Riesenkrach erwartet, aber das Geschrei war gar nicht so schlimm gewesen. Komisch, bei Sigrid hatten die Eltern sich bald umgebracht. Petra war erstaunt gewesen, daß der Vater sie dagegen sogar unterstützt hatte. Petra muß wissen, was sie tut, hatte er zur Mutter gesagt.
Klar wußte Petra, was sie tat. Sie war jetzt achtzehn und im dritten Ausbildungsjahr. Und mit einem Kind ankommen wie die Schwester, das wollte Petra bestimmt nicht. Da brauchte die Mutter schon keine Angst zu haben. Mit Robert zusammensein, das wollte Petra. Und auch mit ihm schlafen. Natürlich. Manchmal fuhr Marianne übers Wochenende weg, und dann hatten Robert und Petra die Wohnung für sich. Wenn ich die Prüfung habe, überlegte Petra, dann ziehe ich zu Hause aus. Dann suche ich mir eine eigene Wohnung.
Es klingelte. Schichtbeginn! Jetzt aber Beeilung! Sie schloß ihren Spind ab und rannte hinüber in die Werkzeugmacherei.

70 Petra stand an der Flachschleifmaschine und schliff Nuten in Spannvorrichtungen. Sechs Stück hatte sie schon fertig, vier lagen noch vor ihr.
Weiter, weiter! trieb Stefan sie an, der Geselle, dem sie zugeordnet war. Stefans Tick war die Einhaltung der Zeit. Dafür kriegt

er ja auch Kohlen, dachte Petra und gab sich Mühe, fertig zu werden. Sie fand trotzdem, daß sie Glück gehabt hatte mit ihrem Gesellen. Stefan regte sich nicht auf, wenn bei ihr mal etwas nicht gleich klappte. Er faßte mit an, machte auch keine blöden Bemerkungen. An die Witzeleien mit Anspielungen mancher Männer hatte sie sich gewöhnt, sie hörte einfach nicht hin. Zum Beispiel, wenn man sie den *SOS-Schlosser* nannte, den Schlosser Ohne Sack.

Eines Tages sprach Goebel Petra in der Kantine an:

Bei mir sind jetzt zwei kleine Blaufrauen, sagte er. Maschinenschlosser scheint bei den Damen Mode zu werden.

Die muß ich kennenlernen, dachte Petra und ging bei der nächsten Gelegenheit in die Lehrwerkstatt. Da standen die beiden an ihrer Werkbank und schruppten an der Grundplatte herum.

Ach Gott, dachte Petra. Hin, her. Hin, her. Vorwärts mit Druck, zurück ohne Druck. Sie war am Kabuff stehengeblieben. Ich kann jetzt feilen, bohren, schaben, schleifen, senken, sagte sie sich. Ich kann hobeln, fräsen, meißeln. Jedenfalls habe ich mir die Grundkenntnisse erworben, wie Sie es ausdrücken würden, Herr Goebel. Gucken Sie nicht so! Ich will hier niemand von der Arbeit abhalten. Ich weiß, das Werkstück wird nicht von allein fertig.

Aber Goebel guckte gar nicht. Er war damit beschäftigt, einen Jungen in die Geheimnisse des Schruppens einzuweisen. Petra ging zu den beiden Mädchen.

Tag, sagte sie und stellte sich vor.

Die eine hieß Gisela und war ziemlich groß und kräftig. Die andere war kleiner. Sie hatte Locken wie Jürgen.

Petra redete so lange mit den beiden, bis Goebel sie bemerkte.

Was ist denn das hier für ein Privatclub? Er sah sie streng an, ging aber weiter.

Wenn der mal schimpft, sagte Petra, dann müßt ihr euch nicht aufregen. Goebel ist ganz in Ordnung. Und ihr seid ja auch zu zweit.

71 *Led Zeppelin in Concert*. Freitag, im *Rosengarten*, in Mannheim. An zwei Anschlagsäulen hatte Petra das Plakat gesehen. Da würde ich gern mit Robert hingehen, überlegte sie. Die Gruppe finde ich immer noch Spitze.
Robert hatte auch Lust, und gleich nach Feierabend fuhren sie mit dem Zug nach Mannheim. Auf dem Bahnhof eilten sie durchs Gedränge. Sie wollten rechtzeitig auf dem Konzert sein.
Plötzlich blieb Petra stehen.
Was ist denn? Robert war ungeduldig.
Das ist doch Erwin, sagte Petra und ging auf den Blumenkiosk zu. Sie hatte richtig gesehen. Da stand Erwin, um den Bauch eine grüne Schürze.
Mensch, Blaufrau, sagte er und sah sie an wie eine Erscheinung.
Was machst du denn hier? fragte Petra etwas unbeholfen.
Ich verkaufe Blumen! lachte Erwin.
Petra machte die beiden miteinander bekannt.
Erwin ist nicht mehr so dünn wie früher, dachte Petra. Geht es dir gut?
Mir geht's gut, sagte Erwin. Mit achtzehn bin ich von zu Hause weg, erzählte er. Genau an meinem Geburtstag. Ich wohne jetzt hier in Mannheim bei meiner Schwester. Den Job im Blumenladen hab ich über ne Annonce.
Um sieben ist Einlaß! drängte Robert.
Petra gab Erwin die Hand.
Wir wollen zu *Led Zeppelin*, erklärte sie. Wenn ich mal wieder in Mannheim bin, komme ich bei dir vorbei.
Mach das!
Dann mußten Petra und Robert wirklich weiter.

72 Die *Heinze-Frauen* aus Gelsenkirchen hatten in der zweiten Instanz verloren. Greta, Erika und die anderen Frauen trafen sich am nächsten Sonntag gleich bei Marianne. Die Stimmung war gedrückt.

Das ist doch ein Skandal! sagte Petra.
Recht haben und recht bekommen sind halt zweierlei Dinge, meinte Marianne. Sie las den Rundbrief vor, den die *Heinze-Frauen* geschickt hatten.
Liebe Kolleginnen!
Das Landesarbeitsgericht hat unsere Klagen in der Berufung als unbegründet abgewiesen. Die Richter – alles Männer! – folgten im wesentlichen den Argumenten der Arbeitgeberseite: die Firma Heinze wolle den Männern die höheren Belastungen durch Nachtarbeit durch außertarifliche Zulagen vergüten. Sie haben diese Zulagen aber so vorgenommen, daß sie für alle Arbeitsstunden zu gelten hätten, auch für die Arbeit am Tage. Der Firma sei dies erlaubt, da übertarifliche Zulagen auf individuellen Absprachen beruhen. Daher könne von unserer Seite der Artikel 119 des EWG-Vertrages nicht angeführt werden. Nach diesem Artikel dürfen Frauen nicht benachteiligt werden, weil sie keine Nachtarbeit machen können. Das Gericht ließ unseren Antrag auf Revision des Urteils beim Bundesarbeitsgericht zu, und zwar mit der Begründung, unsere Rechtssache sei von besonderer Bedeutung. Dies ist ein kleiner Sieg für uns, denn die Arbeitgeberseite versuchte, das Ganze als einen unbedeutenden Fall herunterzuspielen!

Wir machen weiter!
Eure Heinze-Frauen

Unbedeutender Fall! Das könnte denen so passen, rief Erika. Dabei kippte ihr der Kaffee aus der Tasse über die gelbe Seidenbluse.
Auch das noch! schimpfte sie. Scheißurteil!
Petra versuchte, den Fleck mit warmem Wasser auszuwaschen. Aber es blieb ein dunkler Rand.

73 In Halle A rumorte es weiter. Die Arbeitsabläufe waren verändert worden. In der Kontrolle saßen plötzlich nur Männer. Den Frauen gab man zunehmend die Anlaufarbeiten. Auf diese Weise, so befürchteten die Frauen, wollte die *Hemag* vor dem Landesarbeitsgericht den Beweis führen, daß die Arbeitsplätze von Männern und Frauen in Halle A nicht gleich zu bewerten seien. Auch das Berufungsverfahren kam nicht voran, es schleppte sich nun schon seit Monaten hin.
Bei einer Berufung muß alles noch einmal von Anfang an durchgekaut werden, sagte Marianne. Das dauert.
Sie saß mit Petra und Greta auf der Bank vor der Schlosserei. Greta war in der Frühstückspause bei Kalweit gewesen.
Der Betriebsrat, das ist auch so ein lahmer Verein! Greta war verärgert. Wir sollen das zweite Urteil abwarten. Die Arbeitsgerichte wären so überlastet. Immer abwarten und Tee trinken! Und inzwischen haben sie Männer und Frauen in Halle A getrennt. Wenn wir nicht auf den Putz hauen, dann machen die doch mit uns, was sie wollen.
Marianne antwortete nicht. Sie hielt ihr Gesicht in die warme Herbstsonne, ihre Augen waren geschlossen. Marianne sieht abgespannt aus, sie sollte nicht so viel qualmen, dachte Petra.

74 Das Fernsehen war gekommen. Der *Hessische Rundfunk* wollte einen Film über Mädchen in Männerberufen drehen, und Petra sollte interviewt werden. Sie stand in dem grellen Licht der Scheinwerfer, fühlte sich unwohl. Warum grade ich? dachte sie. Ich mag das nicht, wenn alle mich ansehen. Die Reporterin hatte darauf bestanden, daß Goebel bei dem Interview dabei war; seine Aussagen als Ausbilder wären ihr wichtig. Auf Goebels Stirn glänzten kleine Schweißperlen.
Muß das viele Licht sein? fragte er im typischen Goebelton.
Die Reporterin bat Petra, noch mehr Werkzeug auf die Werk-

bank zu legen. Es solle richtig nach Arbeit aussehen. Was die sich wohl unter meiner Arbeit vorstellt. Petra räumte ihre ganze Werkzeugkiste aus. Die Kollegen standen neugierig im Halbkreis um sie herum. Stefan grinste.
Darf ich die Herren bitten weiterzuarbeiten? Es soll eine ganz normale Arbeitssituation sein! rief die Reporterin.
Nur zögernd gingen einige der Kollegen an ihre Plätze, die meisten rührten sich nicht. Die Reporterin wurde energisch, sie schob Stefan an eine Werkbank.
Ganz normal! sagte sie, und Stefan sah sie ziemlich dumm an.
Es dauerte noch eine Weile, dann standen endlich alle so, wie die Reporterin es wollte.
Wir können, sagte sie zu dem Kameramann und nahm das Mikrofon in die Hand. Wo soll ich denn hingucken? dachte Petra. Sie fühlte, daß ihre Hände heiß waren. Hoffentlich fragt die mich auch wirklich das, was sie vorhin gesagt hat! Sie hörte, wie die Reporterin über Mädchen in sogenannten Männerberufen sprach, von Vorurteilen und notwendigen Umdenkungsprozessen redete. Plötzlich drehte die Reporterin sich zu Petra um und hielt ihr das Mikrofon unter die Nase.
Sie stehen kurz vor Ihrer Abschlußprüfung als Maschinenschlosserin, sagte sie. Wo haben für Sie die größten Schwierigkeiten gelegen?
Petra schluckte.
Ich weiß nicht, fing sie langsam an, Schwierigkeiten hat doch jeder. Ich meine, wenn man aus der Schule kommt und im Beruf anfängt.
Ja, ja, sagte die Reporterin. Aber wie ist das so mit den männlichen Kollegen? Gab es da Schwierigkeiten?
Och, mit den Kollegen bin ich immer gut ausgekommen.
Die Reporterin hielt ihr das Mikrofon immer noch vor die Nase.
Was will sie denn hören? dachte Petra. Ärger bei der Arbeit gibt's immer mal. Sie war erleichtert, als die Reporterin das Mikrofon zu sich herübernahm und jetzt wieder selber sprach,

von dem Druck, unter dem Frauen in Männerberufen stünden. Vom Zwang, besser sein zu müssen als die Männer.
Hab ich nie gewollt, dachte Petra. Oder doch? Wollte ich besser sein als Belle? Sie sah Goebel an. Ihr fielen die Schmerzen im Arm ein. Sie hatte sich nicht getraut, sie zuzugeben.
Ich hab schon manchmal die Zähne zusammengebissen, wenn mir die Arbeit schwer wurde, sagte sie. Ich wollte einfach nicht, daß einer sagen konnte: Natürlich, Mädchen halten nichts aus!
Die Reporterin hielt Goebel das Mikrofon hin.
Tja, wenn ich mich auch dazu äußern soll, meinte er und kratzte sich am Kopf. Er räusperte sich und wählte langsam und umständlich seine Worte. Als Petra mit der Sehnenscheidenentzündung angekommen sei, hätte er mal bei den Jungs rumgefragt. Die hätten dann zugegeben, daß sie auch Schmerzen vom langen Feilen hatten. Er, als Ausbilder, hätte sich daraufhin so seine Gedanken gemacht. Ob die Zeiten richtig seien, beispielsweise. Vielleicht würde wirklich zu lange hintereinander gefeilt und gemeißelt. Er habe auch schon mit anderen Ausbildern gesprochen, da käme vielleicht etwas in Gang.
Aber erst durch ein Mädchen in der Lehrwerkstatt sind Sie auf das Problem aufmerksam geworden? hakte die Reporterin nach.
Ja, wenn man so will, gab Goebel zu. Ganz allgemein kann ich persönlich Mädchen in der Werkstatt nur begrüßen. Sie wirken ja auch ausgleichend auf die Jungen.
Wie ist denn das so mit dem rauhen Ton unter den Männern?
Das Mikrofon war wieder auf Petra gerichtet.
Kraftausdrücke, meinen Sie? fragte Petra. Das ist doch für Jungen und Mädchen gleich. Wenn einer nicht gewohnt ist, mal einen Fluch zu hören, der ist sicher zuerst schockiert. Und, Petra mußte lachen, schließlich gibt es auch Jungen, die etwas zart besaitet sind!
Gestorben! rief die Reporterin. Danke, das war sehr schön.
Das war schon alles? dachte Petra. Na ja, hoffentlich habe ich keinen Mist geredet.
Dann wurde sie noch bei der Arbeit gefilmt. Petra am Schraub-

stock, Petra mit dem Schweißgerät, Petra mit dem Schneidbrenner. Goebel paßte auf, daß sie auch alles richtig machte.
Am Abend war die Mutter damit beschäftigt, alle möglichen Leute anzurufen.
Dienstag ist Petra im Fernsehen! Um 19 Uhr 20! Erstes Programm.
Petra war das Ganze ziemlich peinlich. Sie wollte nicht im Fernsehen sein.

75 In der Versuchsanlage werden noch zwei Mann gebraucht! Auf, auf, Petra!
Zwei Mann ist gut. Petra machte sich auf den Weg. Gestern beim Probelauf des neuen Förderbandes, das die *Hemag* für die Steilförderung von Quarzsand entwickelte, hatte es eine Panne nach der anderen gegeben. Als Petra in die große Versuchshalle hineinging, sah sie einen Haufen Männer um das Band herumstehen. Die Maschinenschlosser mit den blauen Arbeitsanzügen, die Techniker und Ingenieure mit ihren weißen Kitteln. Auch einige Leute von der Geschäftsleitung waren da, wie immer mit Anzug und Krawatte. Bei den Maschinenschlossern sah Petra Stefan und den dicken Wahlke, der Petra in der Kantine aufgefallen war. Er lachte so dröhnend. Sie entdeckte auch Belle und Harald unter den Blaumännern. Robert kroch unter dem Band hervor. Am Antrieb liegt's nicht, sagte er. Es muß woanders hängen.
In den nächsten zwei Stunden ruckte das Band einmal kurz, dann stand es wieder. An welchem Teil es hing, ließ sich einfach nicht herausfinden. In der Frühstückspause blieb Petra mit den anderen in der Halle. Aus der Kantine wurde Kaffee geholt, den sie aus Pappbechern tranken. Wahlke erzählte von dem Betonwerk in Marokko, und wie sie dort die Förderbänder montiert hatten. Wahlke war für die Montage verantwortlich gewesen und hatte mit der gleichen Panne zu kämpfen gehabt wie jetzt in der Halle.

Drei Tage hab ich bei der Affenhitze in dem Betonmischturm gehangen, und das verdammte Biest war nicht in Betrieb zu kriegen!
Betrieb habt ihr dann abends gemacht, was Wahlke?!
Stefan tänzelte hin und her, versuchte, mit dem Bauch zu wackeln. Die anderen lachten. Wahlke hob abwehrend die Hände.
Bauchtanz? Grauenvoll! Ich versteh nicht, was an diesem schwabbeligen Fett aufregend sein soll! Ich hab mich sowieso schwer zurückgehalten. Hatte keine Lust, mir was zu holen! Jetzt wollen sie mich schon wieder auf Montage schicken, tönte er. Nach Saudi-Arabien. Aber da kann nun mal ein anderer hin.
Wer denn? fragte Petra.
Du bestimmt nicht! lachte Stefan.
Das weiß ich auch, dachte Petra. Aber wenn ich die Prüfung habe, später, vielleicht will ich dann auch mal auf Montage gehen.
Stefan feixte immer noch vor sich hin. Er konnte sich kaum halten.
Blaufrau bei den Saudis! Du weißt, was du da mußt?
Nein.
Da mußt du im Schleier arbeiten!
Alle prusteten los, und auch Petra mußte lachen.
Die Kollegen glaubten nicht, daß die *Hemag* je Frauen auf Montage schicken würde. Vielleicht bei kleineren Maschinen, aber bestimmt nicht bei den großen Förderbändern. Auch Robert war davon überzeugt. Die Kunden akzeptieren Frauen auf Montage nicht. Das ist eine bloße Behauptung, dachte Petra. Sie hatte keine Lust, sich jetzt deswegen mit Robert zu streiten, aber es ärgerte sie, daß er so dachte wie die anderen. Die Dachdeckerin fiel ihr ein, sie mußte vom Dach herunter, so hatte es in der Zeitung gestanden, weil der Hausbesitzer Angst hatte, ihm würde das Haus über dem Kopf zusammenfallen, wenn eine Frau das Dach deckt. Dabei war die Frau gelernte Dachdeckerin. Wenn ich ausgelernt habe, bin ich Facharbeiterin, aber wenn ich

nicht auf Montage darf, grübelte Petra weiter, was bin ich dann? Facharbeiter mit halber Kraft. Facharbeiter 2. Klasse. Handelsklasse B. Ach was, das ist ja alles noch gar nicht gesagt. Ich glaube, ich mache meinen Meister, wenn ich die Prüfung habe.
Mittwoch würde die mündliche Prüfung sein. Wenn das bloß erst mal vorbei wäre! Das Praktische war ja ganz gut gelaufen. Im Schriftlichen hatte sie einen Bundespräsidenten nicht gewußt. Heinrich Lübke hieß er.
Stefan tippte Petra leicht auf die Schulter. Sie fuhr zusammen.
Na, Blaufrau, fragte er. Träumst du von der Montage?
Natürlich! Wovon wohl sonst? sagte sie. Sie trank ihren Kaffee aus und warf den leeren Pappbecher in hohem Bogen in den Abfalleimer. Gott sei Dank ist das Ding nicht daneben gefallen, dachte sie und grinste Stefan an.

76 Mittwoch in der Industrie- und Handelskammer: Prüfung für Maschinenschlosser.
Mit Petra waren noch Belle, Harald und Jürgen dran.
Aus welchem Material sind Abwaschbecken in modernen Küchen? Nennen Sie die Formel, Fräulein Simoneit!
Petra fühlte, wie alle sie ansahen. Verhinderung von Oxydierung an Werkstücken. Letztes Thema der mündlichen Prüfung. Wie war noch die Formel? *Nirosta*, fiel Petra ein. Spülbecken aus *Nirosta* sind unverwüstlich.
Einer der Herren vom Prüfungsausschuß gähnte verstohlen hinter der Hand. Der Prüfungsleiter notierte sich etwas, wandte sich wieder Petra zu:
Fräulein Simoneit, als Frau wissen Sie doch in der Küche Bescheid.
Was soll denn das heißen? Was will er damit sagen?
In der Küche kennen Sie sich aus als Frau. Und als angehende Maschinenschlosserin sollten Sie wissen, aus was für einem Material moderne Spülbecken sind.

Die Herren vom Prüfungsausschuß lächelten.
Sehr witzig. Petra zog die Unterlippe zwischen die Zähne. Ich krieg die Formel nicht zusammen. Ihr saß wieder der Frosch im Hals. Sie räusperte sich, und Rubisch, der Klassenlehrer, nickte ihr zu.
Aber Petra war wie vernagelt. Der Prüfungsleiter seufzte. Also, dann wollen wir das mal nicht so spannend machen.
Diese Abwaschbecken sind aus einer Stahl-Chrom-Nickel-Legierung, wie viele andere Haushaltsgegenstände auch. Die Formel ist X 12 Cr Ni S 18 8.
Natürlich, dachte Petra.
Der Prüfungsleiter schob seine Unterlagen zusammen:
Ich darf Sie bitten, einen Augenblick draußen zu warten. Wir rufen Sie wieder herein.
Zögernd stand Petra auf, verließ mit Belle, Harald und Jürgen das Prüfungszimmer. Jetzt ist es vorbei. Jetzt kann man nichts mehr ändern. Das war meine Abschlußprüfung.
Im Treppenhaus blieb Petra bei den anderen stehen. Sie sah, wie Belle sich eine Zigarette ansteckte, wie er Jürgen die Packung hinhielt. Jürgens Hand zitterte leicht. Sie dachte: Jürgen braucht keine Angst zu haben. Jürgen war doch so gut.
Sie hörte Harald sagen:
Am schrecklichsten fand ich, daß man da sitzt, man weiß die Antwort, und der andere kommt nicht drauf.
Dann Belles laute Stimme.
Ich hab gedacht, ich werd verrückt, als der Typ Petra fragt, wie sie das Wälzlager ohne Hammer aufs Werkstück kriegt, und die hockt nur stumm da. In warmes Öl schmeißen! Erwärmen. Das hast du doch tausendmal gemacht.
Ich hab verhaun, hörte sie sich sagen.
Quatsch. Bloß weil du bei zwei Themen nicht alles gewußt hast, lassen die dich nicht durchfallen. In der Prüfung haben die meisten ein Brett vorm Kopp.
Warum spricht Belle nicht leiser? Der muß immer dröhnen.
Sie fühlte Haralds Hand auf ihrer Schulter:

Das Mündliche ist nicht so wichtig, Petra. Das Schriftliche und das Praktische zählen.
Sie wollen mich trösten. Auch Harald. Mit einem Schlips habe ich Harald noch nie gesehen. Vielleicht hätte ich mich doch besser anziehen sollen. Ein Kleid. Na ja, Jürgen und Belle haben auch Jeans an. Aber Jürgen hat sich die Haare etwas schneiden lassen.
Belle wußte nicht, wohin mit der Kippe, Petra spürte seine Unruhe.
Das dauert ja ewig! Was machen die denn da drinnen so lange?
Die fällen das Urteil über uns, meinte Harald. Der Prüfungsausschuß der *IHK* ist zu dem Ergebnis gekommen, daß Sie den Anforderungen, die wir nun mal an Maschinenschlosser stellen müssen, leider nicht entsprechen.
Wenn Harald bloß den Mund halten würde. Immer diese Witze.
Petra starrte die Tür zum Prüfungszimmer an.
Das Praktische und das Schriftliche zählen. Hoffentlich.
Heinrich Lübke hieß er. Auf den Karten finden Sie jeweils ein Prüfungsthema. Ziehen Sie bitte Ihre Karten. Die Ziehung der Lottozahlen. Klassenlotterie. Die Verteilung der Kräfte durch die Lager. Wälzlager, Gleitlager, Lauflager.
Ich hab verhaun. Ich hab es nicht geschafft. Ich hab es angefangen. Ich wollte es. Ich will es.
Zimmer 312, 11 Uhr, Prüfung: Maschinenschlosser, stand auf der Tür.
Das kann ich jetzt auswendig, dachte Petra. Sie sah Harald an. Harald nestelte an seiner Krawatte. Belle und Jürgen qualmten schon die dritte Zigarette. Zwei Männer kamen die Treppe hoch, gingen an ihnen vorbei. Sie drehten sich um, sagten etwas zueinander, lachten. Wir stehen hier ganz schön blöd, dachte Petra. Wie die Schafe. Wir sollten uns setzen.
Vier Stühle standen im Treppenhaus. Eine Bank, mit grünem Kunstleder bezogen. In das grüne Filztuch, das den Tisch bedeckte, hatte jemand mit einer Zigarette ein Loch gebrannt.
Los, setzen wir uns, sagte Petra.

In diesem Augenblick ging die Tür zum Prüfungszimmer wieder auf, und sie wurden hereingerufen. Jetzt ist es soweit. Petra war plötzlich ganz ruhig. Belle, Harald und Jürgen ließen ihr den Vortritt. Wenn ich durchgefallen bin, dachte Petra, mache ich das Mündliche noch mal. Das kann man ja.
Die Herren vom Prüfungsausschuß machten ein feierliches Gesicht. Sie saßen wieder alle an der einen Seite des langen Tisches. Wie die Hühner auf der Stange, mußte Petra denken. Sie verkniff sich ein Lächeln. Vor dem Prüfungsleiter sah sie auf dem Tisch vier Zeugnisse liegen. Vier Zeugnisse! Wir sind alle durch! Wir haben alle bestanden! Ich habe bestanden!
Sie hörte, wie der Prüfungsleiter von seiner großen Freude sprach. Sie sah kurz zu den anderen hin. Belle, Harald und Jürgen strahlten. Der Prüfungsleiter stand auf, und alle erhoben sich mit ihm. Als erster überreichte er Petra ihr Zeugnis. Fertigkeitsprüfung mit sehr gut bestanden, Kenntnisprüfung mit gut. Unsere Anerkennung. Eine schöne Leistung. Besonders für Sie als Frau. Ausgiebig schüttelte der Prüfungsleiter Petra die Hand. Auch Rubisch gratulierte. Er sah sehr zufrieden aus. Einer nach dem anderen bekamen Belle, Harald und Jürgen ihre Zeugnisse. Wieder Händeschütteln. Alles Gute auf Ihrem weiteren Weg. Beruflich und auch privat. Wir freuen uns für Sie. Machen Sie weiter so. Dann endlich konnten sie gehen.

Vor der Tür zum Prüfungszimmer fielen Petra, Belle, Harald und Jürgen sich in die Arme. Harald riß sich die Krawatte vom Hals, stopfte sie in die Hosentasche. Jürgen betrachtete völlig versunken sein Zeugnis, als könne er gar nicht fassen, daß er es wirklich in der Hand hielt. Belle ergriff Petra um die Taille, hob sie hoch und wirbelte ein paarmal mit ihr herum.
Mein Zeugnis! schrie Petra und zappelte mit den Beinen. Du zerknitterst mein Zeugnis!
Belle ließ Petra wieder los, und sie verglichen ihre Noten. Sie lagen beide gleich, also immer noch unentschieden. Sie lachten. Plötzlich hatte Belle es eilig. Er zog Jürgen mit sich, sie rannten

die Treppe hinunter. Petra und Harald gingen langsam hinter ihnen her. Ich muß Robert gleich anrufen, dachte sie. Und Marianne. Bei Oma Zwirner fahre ich nachher vorbei.
Harald blieb stehen.
Und jetzt? fragte er. Was machen wir jetzt?
Jetzt machen wir einen drauf! rief Petra und boxte Harald freundschaftlich in die Seite.

Frauen in sogenannten Männerberufen berichten

Martina S., 20, Schornsteinfegerin im 2. Gesellenjahr

Martina S., 20, Schornsteinfegerin im 2. Gesellenjahr

Also, bei mir ging das so los: Ich hab die Hauptschule, und zuerst wußte ich überhaupt nicht, was ich werden wollte. Erst wollte ich die Mittlere Reife nachmachen, dann auf eine Wirtschaftsschule. Da war ich dann auch, aber da hat's mir überhaupt nicht gefallen. Im Grunde hatte ich auch gar keine Lust, in die Küche zu gehen. Dann hab ich zwei Schornsteinfeger kennengelernt, und was die so erzählten von ihrem Beruf, das fand ich unwahrscheinlich toll! So was wollte ich auch gerne machen, draußen sein und Bewegung haben. Ich hab einfach mal die Schornsteinfeger-Innung angeschrieben, da war ich siebzehn. Nach 'ner Woche haben die mich zum Test bestellt, den hab ich gemacht und bestanden. Aber nun wurde es schwierig. Die Innung hat für mich einen Meister gesucht. Aber die Meister wollten kein Mädchen. Weil sie das nicht kannten und wegen der Duschen und der Toilette, das muß ja getrennt sein für Männer und Frauen, das ist Vorschrift. Das hat einige Zeit gedauert, bis sie einen Meister gefunden hatten, der mich nehmen wollte.

Als ich meiner Mutter dann sagte: Ich will Schornsteinfeger werden, da hat sie gelacht und gesagt: Denn man zu! Die hat das gar nicht ernst genommen. Aber als sie hörte, daß ich mich schon beworben hatte, da ging's los! Bist du verrückt geworden! So was kannst du doch nicht machen! Aber ich hab mir da nicht reinreden lassen. Ich glaube, sie findet das immer noch nicht gut. Sie ist der Meinung, Schornsteinfeger, das ist kein Beruf für eine Frau. Das ist viel zu schwer. Ist es aber nicht! Man muß schwindelfrei sein und gut klettern und krabbeln können. Und keine Angst haben oben auf dem First. Das erste Mal bin ich gleich auf ein Haus gekommen, das war vier Stockwerke hoch und hatte ein spitzes Dach. War schon ein komisches Gefühl.

In der Berufsschule war ich das einzige Mädchen. Eine Schornsteinfegerin! Das war ja wohl 'ne Sensation! Mit den Kollegen und Lehrern bin ich gut ausgekommen, ich wußte nur, wenn's was Besonderes gab in der Schule, ich komm als erste dran! Hat mich aber nicht so gestört. Ich hab mich angestrengt, damit sie nicht sagen konnten: typisch Frau!

Nach der Prüfung hab ich nicht gleich 'ne Gesellenstelle gefunden. Die Meister hatten Angst, daß ich schwanger werden könnte. Dann

hätten sie mich weiter bezahlen müssen. Vom ersten Tag an. Wenn man schwanger ist, darf man überhaupt nicht mehr aufs Dach. Jetzt arbeite ich in einer Gegend, da gibt's vor allem Einzelhäuser. Da kommen die Hausbesitzer oft an: Warten Sie, ich helfe Ihnen, ich komm mit rauf! Das nervt mich manchmal. Das ist meine Arbeit da oben!
Auf der Straße bleiben die Leute meistens stehen. Erst traun sie ihren Augen nicht, dann heißt das: Oh, eine Schornsteinfegerin! Jetzt hab ich doppeltes Glück! In der Faschingszeit hat mal ein Mann zu mir gesagt: Na, Ihr Kostüm sieht aber echt aus. Was das Schönste ist an meinem Beruf? Ich geh gern auf den Dächern spazieren!

Martina G., 20, Metzgerin im 3. Gesellenjahr

Wir haben zu Hause eine Metzgerei, und mein Vater hat keinen Sohn. Da hab ich gedacht, Metzger, das kann ich auch. Meine Schwester ist sieben Jahre älter, bei der hat das Interesse gefehlt, die hat Fleischverkäuferin gelernt. Der Vater hatte auch gemeint, meine Schwester, die sei zu zart. Bei mir hat der Vater sich schon früh daran gewöhnt, ich wollte schon Metzger werden, als ich noch ganz klein war. Als ich in die Schule aufgenommen wurde, da haben sie mich gefragt, was ich denn werden wollte. Na, Metzger! hab ich gesagt. Da haben sie alle gelacht in der Klasse.

Ich hab die normale Hauptschule. Die Lehrer haben gemeint, ich sollte das zehnte Schuljahr machen, aber nee, dazu hatte ich keine Lust. Ich konnte es nicht abwarten, anzufangen mit dem Beruf. Die Mädchen aus meiner Klasse haben gesagt: Metzgerin, igitt, wie kann man nur! Schlachthaus, wie schrecklich!

Man gewöhnt sich daran. Wir schlachten einmal die Woche, mal Großvieh, mal Schweine. Mein einziges Problem beim Schlachten ist das Spalten, das Tier muß ja in zwei Hälften gehaun werden. Der Spalter, mit dem mußt du ganz schön zuhaun, das ist so eine Art große Axt. Und mein Handgelenk ist etwas schwach. Es ist schon ein schwerer Beruf für ein Mädchen. Wenn man als Frau in einer Metzgerei arbeitet, wo nicht geschlachtet wird, ist das leichter. Das Ausbeinen und Zurechtschneiden, auch das Wurstmachen, das geht ja.

Ich war das einzige Mädchen in der Berufsschule. Zuerst haben die Jungen geglotzt. Was will die denn hier? Aber nach einem halben Jahr, da hab ich ihnen was vorgemacht. Ich hab mich extra angestrengt, mußte ich ja, wenn die schon dauernd so gegickst haben und mich foppen wollten. Bei der Gesellenprüfung, da war ich die beste im Praktischen. Bei der politischen Bildung, da sollte ich sagen, wie ein Gesetz zustande kommt. Da wußte ich die erste Hälfte, dann war ein Stück glatt weg. Wir mußten bei der Prüfung auch schlachten. Entweder allein ein Schwein oder zu zweit einen Bullen. Da hat mich einer gefragt, ob wir zusammen einen Bullen nehmen. Gut, haben wir. Beim Abziehen, da kommt's drauf an, daß die Schnittkanten schön gleichmäßig sind, nicht so geschnippelt aussehen. Ich hab das Messer ganz gleichmäßig durchgezogen, so

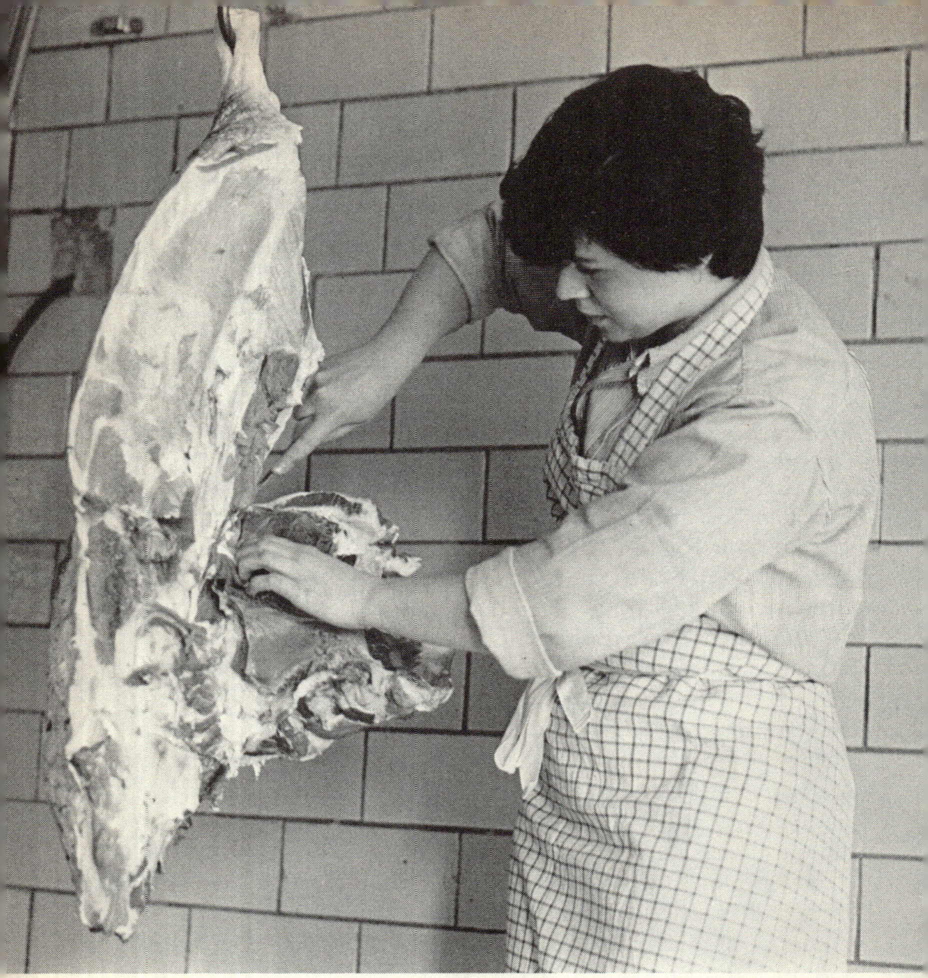

Martina G., 20, Metzgerin im 3. Gesellenjahr

wie der Vater es mir gezeigt hat. Das hat richtig gut ausgesehen. Da sind sie einer nach dem anderen angekommen und haben groß geguckt. Da waren sie ganz schön von den Socken. Heute muß ich sagen: Im Grunde waren die Jungs aus der Berufsschule nach der ersten Zeit die besten Kumpel.
Mein Freund ist auch Metzger, der findet das gut, daß ich meinen Meister machen will. Das wäre mal was anderes als die vornehmen Damen im Büro.

Susanne Z., 20, Pferdewirtin mit Schwerpunkt
Rennreiterin, seit zwei Jahren ausgelernt

Susanne Z., 20, Pferdewirtin mit Schwerpunkt Rennreiterin, seit zwei Jahren ausgelernt

Ich mochte immer Tiere. Obwohl ich ein Stadtkind bin. Ich hatte einen Hund und bin oft zum Ponyreiten gegangen. Eine Freundin hatte gehört, daß man bei der Frankfurter Rennbahn Reitstunden nehmen kann. Wir haben im Telefonbuch nachgesehen, da stand Reitstall, na und da sind wir dann hin. Haben im Stall geholfen nach der Schule in unserer Freizeit. Und da bin ich auf den Gedanken gekommen, Pferdewirtin zu werden. Der Beruf war damals erst seit zwei Jahren überhaupt für Mädchen zugelassen! Aber jetzt sind 'ne Menge Mädchen hier in den Ställen an der Rennbahn. Wir müssen mit den Pferden jeden Tag raus auf die Bahn. Egal, ob es schneit oder ob 'ne Affenhitze ist. Die Jungs stellen sich dabei eigentlich viel mehr an als die Mädchen. Sie jammern viel öfter, daß es ihnen zu kalt draußen ist oder zu naß. Ich komme mit den Jungs prima aus. Wir sind ja Kollegen, nicht?

Die Leute? Na, die fragen schon mal dumm: Pferdewirtin, was ist denn das? Daß ich etwas mit Pferden mache, das verstehen sie ja noch. Aber Berufsrennreiterin? So richtig schnell reiten? Da staunen sie jedesmal. Zehn Rennen hab ich gewonnen. Wenn ich fünfzig Siege habe, bin ich Jockette. Na ja, in die großen Rennen schicken die Stallbesitzer immer noch lieber Jockeys. Es geht ja um viel Geld, und da denken sie, die Jockeys sind besser als wir Frauen. Aber immer mehr Frauen haben inzwischen große Rennen gewonnen! Da werden sie langsam ihre Meinung ändern müssen.

Mit dem Gewicht hab ich keine Schwierigkeiten, aber ein Kreuz hab ich gekriegt und Muskeln. Wie eine Schwimmerin. Meinen Freund stört's nicht. Mich auch nicht. Mich stören auch nicht die Schwielen an meinen Händen. Im Stall, da mußt du zupacken. Da kannst du keine gelackten Fingernägel haben.

Die Pferde müssen auch am Wochenende versorgt werden. Na klar. Wir fangen morgens früh an im Stall, dann geht's raus auf die Bahn. Mittags haben wir ein paar Stunden Zeit, und dann arbeiten wir nachmittags nochmal. Wenn ich mir vorstelle, jeden Tag im Büro! Den ganzen Tag drinnen sitzen! Schrecklich.

Bei mir ist das so: Hobby und Beruf sind eins. Ein Leben ohne Pferde kann ich mir nicht vorstellen.

Gundi G., 17, Fernmeldehandwerkerin im
2. Ausbildungsjahr bei der Deutschen Bundespost

Gundi G., 17, Fernmeldehandwerkerin im 2. Ausbildungsjahr bei der Deutschen Bundespost

Eigentlich wollte ich in die Landwirtschaft, aber da bekommt man als Mädchen nur sehr schwer einen Ausbildungsplatz. Wenn man Abitur hat, gut, dann kann man Landwirtschaft studieren, da werden Frauen akzeptiert. Aber eine Lehre auf einem Hof machen, nee, da wollen die Bauern doch lieber einen Jungen. Ich hab dann gehört, daß die Post schon seit einigen Jahren Mädchen im Fernmeldehandwerk ausbildet und hab mich beworben. Meine Eltern waren sofort einverstanden. Die waren nur froh, daß es bei mir mit der Landwirtschaft nicht geklappt hatte! Ich glaub, denen war alles recht, wenn's nur nicht Bäuerin war. Geschwister hab ich nicht, ich bin ihr einziges Kind.

Ich wollte unbedingt einen praktischen Beruf lernen. Ich bin in der Realschule im technischen Zweig gewesen. Wir waren nur zwei Mädchen in der Klasse. Die andere ist Kosmetikerin geworden. Versteh ich nicht, ich sitze lieber im Erdloch und verbinde Kabel. In so einem Hauptkabel sind manchmal 2000 Drähte, da muß man ganz schön aufpassen!

Ich bin auch schon mit gewesen zum Einrichten. Das heißt, wir haben bei Leuten Telefon gelegt. Na ja, ein bißchen komisch gukken manche schon, wenn da ein Mädchen ankommt. Vor allem die älteren Leutchen. Die probieren gleich aus, ob's Telefon auch wirklich geht. Die wollen einfach nicht glauben, daß eine Frau Telefon legen kann!

Wenn ich die Mädchen aus der Parallelklasse mal treffe, dann sagen die meisten: Toll, daß du so einen Beruf lernst, aber für mich wäre das nichts. Wenn ich dann frage: Wieso nicht?, dann wissen sie nichts Genaues. Die meisten haben sich über Beruf und so keine großen Gedanken gemacht. Die sind schon in der Schule in den kaufmännischen Zweig gegangen, und dann werden sie eben Bürokaufmann oder Industriekaufmann.

Wenn ich ausgelernt habe, dann mache ich weiter. Dann geh ich zur Fachoberschule, und danach studiere ich Nachrichtentechnik. Dann bin ich 23. Ist doch jung, nicht? Einen Freund hab ich nicht. Zur Zeit nicht! Heiraten und Kinderkriegen? Ja. Aber das ist noch in weiter Ferne!

Gisela B., 21, Gesellin im Straßenbauhandwerk

Dreckige Arbeit und immer draußen auf der Straße sein? Ach Gott, das ist relativ. Von den Frauen in der Landwirtschaft wird so was erwartet, da ist das normal. Nur, wenn du als Frau so einen typischen Männerberuf machst, dann ist das plötzlich etwas Besonderes! Außerdem, was heißt dreckige Arbeit? Mein Beruf hat auch sehr schöne Seiten. Zum Beispiel das Pflastern. In den Fußgängerzonen, da hast du doch sicher schon diese schönen Muster im Pflaster gesehen. Das machen wir. Oder vermessen, das ist auch etwas, das ich gerne mache. Nicht, daß Dreck mich stört. Wirklich nicht. Mein Freund, na ja, der findet das nicht gerade überwältigend. Meine Hände zum Beispiel, wenn wir ausgehen. Ich hab halt keine Hände wie die Mädchen aus den Büros. Wenn ich den ganzen Tag Rohre gelegt habe und im Kanal herumgekrochen bin, na, da kannst du schon einen Schreck kriegen, wenn du mich siehst! Ich versteh das ja. Auch die Bekannten von meinem Freund, die haben zuerst gesagt: Mußt du denn so eine Freundin haben? Aber er steht zu mir, er ist da liberal. Er arbeitet auch auf dem Bau. Der rauhe Ton unter den Männern? Da hab ich mich dran gewöhnt. Ich hör einfach nicht hin. Das geht bei mir zum einen Ohr rein und zum anderen wieder raus. Ich war mal in einer Fabrik, wo fast nur Frauen gearbeitet haben. Die schweinischen Sachen, die ich da gehört habe, da kommen die Männer auf dem Bau nicht mit. Schön, die erzählen auch Sauereien, aber nur bis zu einem bestimmten Grad. Dann hört's auf. Bei den Frauen war ich richtig geschockt.
Was ich weiter machen will? Meinen Meister möchte ich wirklich gerne machen, auch weil ich den Betrieb von meinem Vater übernehmen will. Das ist ein richtiger Familienbetrieb, schon seit Generationen, und ich bin das einzige Kind von meinen Eltern. Mein Vater, na ja, der war erst dagegen, daß ich in diesen Beruf gehe, aber jetzt ist er stolz auf mich. Ich bin die einzige Frau, glaube ich, die den Gesellenbrief im Straßenbauhandwerk hat. Ich hab von einer gehört, die jetzt angefangen hat und auch fertigmachen will. Ich fände das gut, wenn sie auch fertigmacht. Dann sind wir schon zwei!
Als ich meinen Gesellenbrief hatte, da sind die Herren von der Handwerkskammer angekommen und haben mich gefragt, ob ich

Gisela B., 21, Gesellin im Straßenbauhandwerk

nicht am Landesleistungswettbewerb teilnehmen wollte. Die hatten gehört, daß ich so gute Noten hatte. Na, da hab ich dann mitgemacht und bin Siegerin geworden. Im Bundeswettbewerb war ich zweite. Ob ich ehrgeizig bin? Na klar. Wenn ich einen sehe, der etwas macht und ich denke, das kann ich auch, dann will ich das auch machen. Das ist doch ganz natürlich. Ich strenge mich aber nicht an, weil ich glaube, ich müßte es den Männern zeigen! Manchmal stinkt mir die Arbeit, logisch. Wem stinkt nicht manchmal die Arbeit. Aber ich hab's nicht bereut, daß ich dieses Handwerk gelernt habe. Außerdem hab ich einen sehr guten Verdienst. Was meinst du, was ich schuften müßte, um das Geld im Büro zu verdienen!

Karin C., 29, Meisterin für Zentralheizungs- und Lüftungsbau sowie Meisterin für Gas-Wasser-Installation

Bei mir war alles ein bißchen vorprogrammiert. Mein Vater hat hier in Köln einen Betrieb für Zentralheizungs- und Lüftungsbau. Ich bin das einzige Kind. Nach der Schule hab ich erst mal eine kaufmännische Lehre gemacht, den Großen Außenhandelskaufmann. Ich hab in der Mineralölbranche gelernt, das hängt ja in bestimmter Weise mit dem Heizungsbau zusammen. Wenn's nach meinen Eltern gegangen wäre, hätte ich dann ein Ingenieursstudium anfangen sollen. Aber ich wollte den Heizungsbau von der Pieke auf lernen und Schule, nein, dazu hatte ich wirklich keine Lust mehr!

Die Mädchen, die ich so kannte, die haben gesagt: Das ist doch viel zu schwer für eine Frau, einige haben mich richtig bedauert. Aber ich hab doch gemerkt, daß alle so ein bißchen neidisch waren, weil ich einfach angefangen habe. Weil ich mich getraut habe! Gut, ich bin nicht grade die stabilste, aber für schwere Arbeiten gibt's ja technische Hilfsmittel. Wenn ich etwas heben muß, dann nehme ich mir einen Kran oder einen Laufkarren. Außerdem helfen sich die Kollegen immer gegenseitig bei der Arbeit. Es kommt da auch oft vor, daß einem Mann etwas zu schwer ist, da packen die anderen dann mit an.

Dreckige Hände? Na, die kann man waschen. Da gibt's auch Tricks. Zum Beispiel das Gleitmittel, mit dem Kunststoffrohre zusammengeschoben werden, wenn du dir damit die Hände vorm Waschen einreibst, dann werden sie ganz weiß. Blütenzart! Ach, und die Kraftausdrücke auf dem Bau! Da muß man mal einen Witz draufgeben, dann halten die Männer schnell den Mund. Wenn ein Mädchen wie 'ne Mimose ist, dann soll sie lieber Schneiderin werden. Gut, vielleicht ist das für ganz junge Mädchen ein Problem, ich war ja schon 21, als ich auf dem Bau anfing. Da ordnet man die Dinge schon anders ein. Aber ich kann nur sagen, Mädchen sollten den sogenannten rauhen Ton der Männer auch nicht überbewerten.

Die Zeit, als ich Geselle war auf der Baustelle, die Zeit war besonders gut. Ich mag die praktische Arbeit. Jetzt als Meisterin, da muß ich mehr organisieren, Kostenvoranschläge machen und, na ja, eben meinen Leuten sagen, was zu machen ist. Die Kunden sind oft erstaunt: Was, Sie haben so ein Handwerk gelernt? Manchmal sind

Karin C., 29, Meisterin für Zentralheizungs- und Lüftungsbau sowie Meisterin für Gas-Wasser-Installation

die Männer ein bißchen skeptisch, wenn ich sage: Also, das hier ist an Ihrer Heizung kaputt, und das muß so und so repariert werden. Aber die Ehefrauen, die haben mir schon oft gesagt: Toll, daß endlich mal 'ne Frau kommt, die so was kann!

Petra S., 19, Matrose zur See, im ersten Ausbildungsjahr

Wann ich auf den Gedanken gekommen bin, daß ich Kapitän werden will, das weiß ich gar nicht mehr. Schon mit 8 oder 9 Jahren war das klar für mich: Ich fahr zur See. Ich stamme aus dem Bergischen Land, bin mit meinen Eltern aber jedes Jahr mit dem Schiff in Urlaub gefahren. Vielleicht hat mich das so fasziniert. Und dann die romantischen Geschichten aus der Seefahrt! Na ja, inzwischen weiß ich natürlich, daß mit Romantik in diesem Beruf nicht viel los ist.
An der Ausbildung interessiert mich vor allem die Vielseitigkeit. Jetzt haben wir auf der Seefahrtsschule zum Beispiel Holz- und Metallbearbeitung, dann Fächer, die in die juristische Richtung gehen, Seerecht usw. Ich bin in der Klasse noch mit einem anderen Mädchen zusammen, das ist ganz gut. Die Jungs haben uns so aufgenommen wie die Jungs an Land: erst mal Abstand halten, erst mal ein bißchen beschnüffeln.
Ich hab Abitur, manche der Jungen nur die Hauptschule, das erschwert mir natürlich etwas den Anfang, ich meine, bis ich so dazugehöre. Im Seemannsheim wohne ich auf einem Extraflur. Zur Vorbeugung! Ein paarmal haben sie mich dahinten bloß schon beim Wecken vergessen!
Man hört von Reedereien, die Mädchen ausbilden, daß sich das Bordklima verbessert hat. Die Mädchen lernen auch besser, das ist ein Ansporn für die Jungen. Die wollen sich das nicht bieten lassen, daß ein Mädchen mehr weiß als sie. Ob weibliche Kapitäne an Bord mal Schwierigkeiten haben? Ich weiß nicht. Ein männlicher Kapitän kann es sich vielleicht eher erlauben, auf die Tube zu drücken und Macht auszuüben, aber gut finde ich das sowieso nicht. Es kommt doch auf die Persönlichkeit an, und daß man was kann. Deshalb mache ich ja die Matrosenausbildung. Dann kann ich sagen, wenn einer meint, das geht nicht: Und ob das geht, das hab ich selbst gemacht. Die meisten Offiziere haben übrigens nichts gegen Kolleginnen, eher die Mannschaftsgrade. Aber wenn immer mehr Mädchen zur See fahren, dann ändert sich das sicher. Bis ich mein Kapitänspatent mache, das sind ja noch acht Jahre. Zwei Jahre Matrosenausbildung, ein Jahr fahren als Offiziersanwärter, dann Hochschule für Nautik.

Petra S., 19, Matrose zur See, im ersten Ausbildungsjahr

Vielleicht kräht dann kein Hahn mehr danach, daß 'ne Frau auf der Brücke ist.
Es ist natürlich schwieriger für Mädchen aus dem Binnenland, sich für die Seefahrt zu entscheiden. Da kursieren ja auch immer noch so allerhand grausige Geschichten. Alle Matrosen kommen in einen großen Raum, da schlafen sie in Hängematten, und in jedem Hafen wartete 'ne Braut. Alles Quatsch. Wenn ich jetzt aufs Schiff komme, was mich da erwartet? Na, erst mal die beliebteste Arbeit. Rostkloppen!

Mechthild W., 25, Messerschmiedin, Meisterin

Mein Vater war Messerschmied. Er ist gestorben, als ich zehn Jahre alt war. So im 7. Schuljahr hab ich gesagt, ich mach das. Ich werde Messerschmiedin. Die Lehrer haben gemeint, ich könnte Abitur machen, und von meiner Konstitution her wäre ich doch völlig ungeeignet für diesen Beruf. Wegen meiner Figur, ich war immer sehr schmal. Auch die Familie, da haben sie versucht, Einfluß auf mich zu nehmen. Ich sollte bedenken, daß ich auch schmieden müßte, und das würde ich bestimmt nicht verkraften. Und so weiter. Das war vielleicht der Auslöser, daß ich gesagt habe: Nun grade! Mit fünfzehn habe ich dann die Lehre angefangen.

In der Berufsschule war ich die einzige in der Metallklasse. Da bin ich herumgereicht worden wie 'ne Besonderheit. Das hat mich richtig verfolgt. Anfangs war das sehr belastend, so im Mittelpunkt zu stehen. Mit meinen Klassenkameraden hatte ich überhaupt keine Schwierigkeiten, im Gegenteil, da war ich sofort akzeptiert. Aber bei den Lehrern, da mußte ich erst mal beweisen, daß ich überhaupt was kann. Eine Frau in der Metallklasse! Na, wie ich es ihnen dann gezeigt habe, da war der Damm gebrochen, aber ich bin doch damit konfrontiert worden, daß ich mehr leisten mußte als die Jungen.

Die Schmiederei, das ist natürlich anstrengend. Ich hab zuerst trainiert. Richtig mit Hanteln, damit ich Kraft in den Armen kriegte. Aber die Schleiferei, das ist eine Sache, für die man viel Fingerspitzengefühl braucht. Daß ich es nicht schaffen würde, hab ich eigentlich nie befürchtet. Gut, ich bin ehrgeizig, warum soll ich das nicht zugeben? Das ist doch nichts Schlimmes. Für die Gesellenprüfung muß man vier Stücke machen. Ich hab gleich fünf gemacht und mir die schwierigsten rausgesucht. Beim Taschenmesser hab ich die Federn selbst gehärtet, und wenn man das nicht anständig macht, dann gibt es Härterisse, dann brechen die Federn.

In Hessen bin ich die einzige Meisterin in unserem Handwerk, aber ich weiß von anderen Frauen, die angefangen haben. Ich hab viel Freude an dem Beruf. Ich hab in einem alten Handwerksbetrieb gelernt, hab 'ne sehr gute Ausbildung bekommen. Das hilft mir, wo ich jetzt selbständig bin. Ich kann eben alles, was ein Messerschmied können muß. Beim Rasiermesser, der Hohlschliff, der muß haarscharf sein. Wenn man gegen die Klinge drückt, muß sich

Mechthild W., 25, Messerschmiedin, Meisterin

der Stahl leicht durchdrücken, darf nicht abbrechen. Das muß man gleich morgens früh machen, wenn man 'ne ruhige Hand hat, da geht's um Bruchteile von Millimetern.
Messerschmied, das ist heute sowieso eine Rarität, und dann als Frau, da staunen die Leute dann. Meistens sagen sie: Du mußt unbedingt mal zu Robert Lembke gehen!

Stefanie R., 21, Maschinenschlosserin

Stefanie R., 21, Maschinenschlosserin

Auf dem Arbeitsamt haben die mein Zeugnis angeguckt. Ich hatte gute Noten in Mathe und Technischem Zeichnen. Na, da haben sie mir Technische Zeichnerin vorgeschlagen. Zur Auswahl dann noch was mit Biologie. Aber weiße Mäuse sezieren? Nee, wirklich nicht! Ich hab dann am Reißbrett angefangen, aber das lief nicht besonders. Wir mußten den Grundlehrgang in der Werkstatt machen, und da hab ich gemerkt: Das ist es. Das Feilen und Bohren und Gewindeschneiden, die ganze Arbeit mit Metall, Mensch, da ging's richtig los mit mir. Ich bin dann zum Ausbildungsleiter, ob ich nicht wechseln könnte. Wie ich da vor der Tür stand, da war mir schon ein bißchen komisch. Als im Betrieb alles klar war, die mich in die Lehrwerkstatt reinnehmen wollten, da mußte ich es ja endlich zu Hause sagen. Von der Telefonzelle hab ich angerufen, hab es meiner Mutter gesagt und gleich wieder aufgelegt. Das schlimmste Theater war denn schon vorüber, als ich nach Hause kam. Ich hab gesagt: Die Lehre abbrechen ist nicht so schlimm, wie ein ganzes Leben an einem Beruf hängen, den man nicht mag. Außerdem wird mir ein Jahr angerechnet. Wenn ihr nicht unterschreibt, dann verlier ich erst Zeit. Mit achtzehn mach ich's doch. Na, da haben sie's dann eingesehen. Der Gedanke, wieder zurück ins Zeichenbüro, war mir richtig unerträglich.
Am ersten Tag in der Berufsschule, da haben die Jungs gemeint, ich hätte mich verlaufen. Auch der Lehrer hat mich entgeistert angeguckt. Ich kam ja später, mitten im Schuljahr. Mit der Zeit haben sie gemerkt, daß es gar nicht so schlimm ist mit mir. Daß ich nicht etepetete bin und mich nicht ausschließen wollte aus der Gemeinschaft. Über das Kabäuschen, da gab es mal, na, sagen wir, 'ne Meinungsverschiedenheit. Kabäuschen haben wir das Büro der Ausbilder genannt, das hab ich zuerst geputzt. Dann hab ich gedacht: Bin ich denn blöd? Warum bohnern die Jungs nicht auch mal?! Die haben ganz schön dumm geguckt, wie ich damit rauskam. Aber gemacht haben sie's. Heute würde ich sagen: Die Jungs hatten Probleme mit mir, nicht ich mit ihnen!
Am Anfang der Lehrzeit hab ich mit dem Gedanken gespielt, später auf Montage zu gehen, aber das hab ich wieder fallen lassen. Das hängt mit den großen Druckmaschinen zusammen, die wir herstel-

len. In der Halle, da haben wir Kräne, aber draußen, wo man sich dann irgendwie behelfen muß, da haben schon drei Männer Schwierigkeiten mit den großen Teilen. Da überlegst du dir schon etwas. Ich kann meinen Meister machen, ich kann auf die Technikerschule gehen, vielleicht werd ich auch Ausbilder. Ausbilderin! Ich hab ja viele Möglichkeiten. Jetzt bin ich erst mal froh, daß ich meine Abschlußprüfung hab. Das ist der erste Schritt. Als ich mein Zeugnis in der Hand hielt, das war schon ein großes Erlebnis für mich. Jetzt hab ich's schwarz auf weiß, daß ich's kann. Und ich hab bewiesen, daß Frauen es können.

4019/4